AF240892

FOOTBALL CLUB GEOPOLITICS

Kévin Veyssière

FOOTBALL CLUB GEOPOLITICS

22 histoires insolites
pour comprendre le monde

Max Milo
ESSAIS - DOCUMENTS

© Max Milo, Paris, 2024
www.maxmilo.com
ISBN : 978-2-31502-158-1

Préface

Kévin Veyssière a créé une page sur les réseaux sociaux, « FC Geopolitics », qui a rapidement connu un grand succès et a attiré l'attention d'un public de plus en plus nombreux. Les raisons de cette réussite sont très simples : allier le sérieux d'un travail de documentation avec un choix judicieux d'illustrations. Les sujets qu'il aborde éveillent la curiosité, mais sont loin d'être anecdotiques : ils permettent de déboucher sur une réflexion de fond, le tout sur un ton plaisant. Kévin Veyssière aime étonner et nous emmener sur des chemins détournés. Il parvient à montrer que le football est un sujet très sérieux et que la géopolitique peut être plaisante. Les petites histoires sont au rendez-vous de la grande et il nous y emmène de façon attractive.

Kévin Veyssière nous rappelle l'époque où l'Espagne de Franco refusait de jouer contre l'URSS, ou la façon dont la Croatie a utilisé son équipe nationale pour obtenir une reconnaissance internationale. Plus près de nous, il évoque les « matchs impossibles » de l'équipe du Kosovo, ceux qui opposeraient Gibraltar et l'Espagne ou l'Arménie et l'Azerbaïdjan. Cela peut aller de ce qui peut paraître anecdotique *a priori* (Tuvalu) au plus lourd (le duel Qatar-Arabie Saoudite). C'est toujours précis et agréable.

Au début des compétitions européennes de football, avant l'irruption de la télévision de masse et des réseaux sociaux, de nombreux adolescents apprenaient la géographie européenne en lisant le résultat des championnats étrangers et des coupes européennes. Sans doute, d'ici quelques années, de nombreuses personnes diront qu'elles ont commencé à s'intéresser à la géopolitique par le biais des récits de Kévin Veyssière en cherchant à élargir leurs connaissances après avoir réalisé que non, la géopolitique n'est pas ennuyeuse et rébarbative, et qu'elle n'est pas réservée aux diplomates chevronnés et officiers d'état-major.

Peu avant la Coupe du monde 1998, j'avais proposé à deux éditeurs, un universitaire, l'autre grand public, de faire un livre sur le thème du football et des relations internationales. Les deux ne m'ont pas ri au nez, par politesse. Ils n'en pensaient pas moins. Avec courtoisie, ils m'ont fait comprendre, puisque j'avais pour passion, coupable pour un universitaire, une chose comme le football qui relevait de la bagatelle, que je pouvais éventuellement faire un livre sur ce sujet. Mais ils me poussaient plutôt à faire un livre sur les relations internationales puisque c'était mon métier et ma spécialité. Ils ne voyaient absolument aucun lien entre les deux, et me déconseillaient amicalement de poursuivre cette chimère.

Le football est désormais moins méprisé par les élites intellectuelles, et la géopolitique est largement réhabilitée. Associer football et géopolitique relève désormais d'une évidence. Kévin Veyssière l'illustre avec talent. Il réussit à ouvrir la curiosité des passionnés de football à la géopolitique et démontre, à ceux qui s'intéressent aux questions géostratégiques, que le football peut en faire partie.

Pascal Boniface

INTRODUCTION

À partir du 14 juin 2024 se tiendra la 17ᵉ édition de l'Euro, l'événement international majeur du football européen. Encore du foot me direz-vous ? Pourtant cette compétition n'a pas qu'un simple intérêt sportif puisque, depuis sa création en 1960, l'Euro n'a eu de cesse de faire tomber des barrières et d'apaiser les relations entre les nations européennes, déjà bien ébranlées à l'époque par les deux guerres mondiales. Ce n'est pas un hasard si l'Union des associations européennes de football (UEFA), à l'origine de la création de ce tournoi estival, est née dans la même temporalité que la construction politique et économique européenne, avec la signature des traités de Rome en 1957. Il y avait là l'idée de réunifier le continent européen à travers le sport et de trouver un nouveau terrain, autre que le champ de bataille, sur lequel les nations pouvaient s'affronter.

Le pari semble réussi puisqu'aujourd'hui l'organisation de l'UEFA rassemble près de 55 pays membres, soit bien plus que l'Union européenne (27) ou encore que le Conseil de l'Europe (47). Le ballon rond a réussi à dépasser les frontières, au-delà même du continent. L'Europe du foot s'étend maintenant jusqu'au Kazakhstan ! Le football embrasse aujourd'hui toutes les strates de la société et agit comme un révélateur des forces et faiblesses de chaque État de notre planète.

Sur le terrain sportif, les matchs remplacent les anciennes confrontations guerrières, comme cela peut être le cas lorsque l'Angleterre et l'Écosse s'affrontent. Ou bien permettent à des nations de se révéler, comme la Croatie à l'Euro 1996, qui a pu arborer son maillot à damier, un symbole national, pour la première fois dans une compétition internationale de football. Une situation que va connaître la Géorgie puisque sa sélection nationale participe pour la première fois à l'Euro, dans un contexte d'intégration à l'Union européenne.

Le sport le plus populaire au monde constitue en effet une formidable vitrine, synonyme pour les États de levier d'attraction de leur territoire : un outil de *soft power*[1], pour briller et séduire aux yeux du monde ; une source d'influence qui peut être utilisée pour faire sortir un pays de l'anonymat ou changer son image. C'est notamment le chemin pris par le Qatar, qui est devenu aujourd'hui un acteur incontournable du ballon rond et du sport, notamment depuis l'organisation de la Coupe du monde 2022 qui à la fois mis tout un pays en lumière mais également toutes ses limites, notamment en termes de droits humains. Preuve qu'utiliser le sport comme un outil de promotion de son territoire peut être à double tranchant, et finalement autant nuire que séduire.

Les sélections nationales jouent parfois un tel rôle d'ambassadeur qu'un match de football peut s'apparenter à de nouvelles batailles. Comme lorsque la victoire de l'équipe d'Hong Kong face à la Chine déclenche des émeutes à Pékin en 1985. Ou bien quand l'illustre

---

1. « Le soft power est cette puissance douce, qui est devenue la forme nouvelle et subtile du pouvoir, où chaque État tente d'attirer l'attention, le respect et la sympathie des autres nations », BONIFACE Pascal, *Géopolitique du sport*, Armand Colin, 2014.

joueur argentin Diego Maradona « venge » la guerre des Malouines en terrassant l'Angleterre lors de la Coupe du monde 1986. La situation est parfois telle que, dans certains cas, les matchs sont impossibles. Le Kosovo, dont l'existence étatique n'est pas internationalement reconnue, est dans ce cas de figure. Son équipe nationale ne peut tout simplement pas jouer contre certains autres pays. Lorsque la guerre, la vraie, s'en mêle, le football n'a même plus sa place comme instrument de paix, comme c'est le cas entre l'Arménie et l'Azerbaïdjan qui s'affrontent dans la région du Haut-Karabagh.

Au-delà des simples rencontres entre pays respectifs, le football peut aussi être la source de belles histoires pour promouvoir l'autonomie d'un pays. Comme l'épopée du « Onze de l'indépendance » dans les années 1960, dans sa quête d'une Algérie libre. Des pratiques qui se reproduisent aujourd'hui à travers l'exemple du Groenland, territoire danois gigantesque qui cherche une voie vers l'indépendance grâce au ballon rond. À des milliers de kilomètres de l'Arctique, l'île de Pâques utilise aussi le football pour qu'il œuvre à la reconnaissance de la culture de Rapa Nui ; preuve que ce sport peut permettre à des populations et à des régions d'accéder à une plus grande autonomie. Enfin, le football peut constituer un formidable lanceur d'alerte sur la question urgente du réchauffement climatique, et ainsi sauver ce qui peut l'être encore des îles Tuvalu en Océanie.

Loin d'être exhaustif, ce livre invite les curieux, amateurs de football ou géographes en herbe, à parcourir le monde au travers d'histoires footballistiques et de grands moments sportifs, tout en aidant à comprendre des enjeux politiques, économiques et sociaux de notre planète.

Le football, ce n'est pas qu'une simple histoire de ballon rond.

Kévin Veyssière

Sommaire

Première partie :

EUROPE

I. L'Euro de football, une histoire intimement liée à celle de l'Europe

1.
L'Euro de football dans les pas de la construction européenne

Le championnat d'Europe de football des nations a vu le jour en même temps que les prémices de la construction économique et politique européenne. Cela n'est pas le fait du hasard, tant les décideurs des différents pays du continent cherchaient à l'époque à s'unir, et ainsi ne pas répéter les erreurs des précédentes guerres mondiales. D'une certaine manière, l'Euro de football aura permis de repousser les frontières. Le ballon rond transpercera le « rideau de fer » et permettra aux nations des blocs de l'Ouest et de l'Est de se retrouver sur un autre terrain que celui de la guerre froide.

L'Europe est le lieu de naissance du football. Le premier véritable club à avoir vu le jour a été fondé en Angleterre en 1857, dans la ville de Sheffield. C'est d'ailleurs sur le sol anglais que s'est disputé le premier match international de football de l'histoire, le 30 novembre 1872, face à l'Écosse. Le ballon rond s'est ensuite exporté sur tout le continent, et par-delà le monde, grâce aux commerçants, colons et représentants de l'Empire britannique.

Le succès est tel que d'autres équipes vont voir le jour. Le premier match opposant deux sélections nationales non britanniques aura lieu à Vienne entre l'Autriche et la Hongrie le 12 octobre 1902. Face à l'internationalisation de cet *English Game*, les équipes d'outre-Manche commencent peu à peu à se refermer sur elles-mêmes, en se présentant comme les grands patrons de leur sport. Il faut dire que l'équipe d'Angleterre collectionne les succès lors de ses premières rencontres à l'extérieur, dont un sévère 15-0 contre la France en 1906. Du côté des autres pays européens, de nombreux clubs émergent et s'organisent pour contrer l'hégémonie britannique, qui l'est à l'époque tant sportive que politique.

Le sport, comme instrument d'apaisement des tensions internationales, a d'ailleurs le vent en poupe puisque les premiers Jeux olympiques modernes ont été créés en 1896, à l'initiative du français Pierre de Coubertin. Le football suit le même chemin. Le 21 mai 1904 est fondée, à Paris, la Fédération internationale de football association, plus communément appelée aujourd'hui la FIFA. Les membres fondateurs sont européens : la Belgique, le Danemark, l'Espagne, la France, les Pays-Bas, la Suède et la Suisse. Les rencontres internationales se cantonnent alors à des matchs amicaux. Le tournoi de référence de l'époque reste celui des Jeux olympiques, au cours desquels la sélection des joueurs britanniques remporte les éditions de 1908 et de 1912. La Première Guerre mondiale, de 1914 à 1918, ébranle ensuite toute l'Europe, rebattant les cartes des puissances en présence. Sans compter le désastre humain auquel ce terrible conflit aboutit, avec plus de 20 millions de victimes.

Le sport aurait pu être un des leviers de la construction d'une Europe apaisée à la sortie de la guerre, mais le traité de paix de Versailles, signé en 1919, montre bien que les nations victorieuses cherchaient avant tout à affaiblir encore plus les puissances concurrentes, plutôt que de rechercher un éventuel compromis. Ce décalage n'aide pas à la construction d'une Europe politique. Dans le même temps, de nouveaux acteurs viennent concurrencer les nations européennes à leur propre jeu. C'est déjà le cas au niveau omnisports, puisque les États-Unis s'installent à partir de 1920 en haut du tableau des médailles des différentes éditions des Jeux olympiques. Au niveau du ballon rond, de nouvelles nations s'invitent aussi. Le tournoi de football des Jeux olympiques est toujours la seule véritable compétition internationale de football. En 1920, l'Égypte est la première équipe non occidentale à disputer cette compétition, bientôt rejointe par l'Uruguay en 1924. C'est d'ailleurs ce dernier pays qui remporte le tournoi cette année-là face à la Suisse. La situation est pire pour l'Europe en 1928, puisqu'aucune équipe européenne n'est en finale ! L'Uruguay l'emporte une nouvelle fois aux dépens de l'Argentine.

Les nations britanniques et l'Europe n'ont donc plus le monopole du football. Surtout, la FIFA commence à réfléchir sérieusement à la création d'un tournoi international de grande ampleur, les deux dernières finales du tournoi olympique ayant rassemblé plus de 30 000 spectateurs et que c'est la compétition de football qui génère le plus de revenus à l'époque sur l'ensemble des épreuves des JO. Dans cet objectif de développement, la FIFA autorise la participation de joueurs professionnels, car de nombreux pays européens ont déjà commencé à créer leurs propres ligues. Cela ne plaît guère au Comité international olympique (CIO), qui souhaite préserver la valeur de l'amateurisme lors de ses Jeux. Ce désaccord va aboutir à la création de la première Coupe du monde de football, en 1930.

Le choix de l'organisateur se porte sur l'équipe en vogue du moment, l'Uruguay. Officiellement pour célébrer le centenaire du pays, officieusement parce que l'Uruguay accepte de payer les frais de participation des équipes et de construire un nouveau stade dédié à la finale de cette nouvelle compétition mondiale. Si la sélection uruguayenne remporte cette première édition, ce n'est pas le cas des suivantes, qui ont lieu en Europe, en 1934 en Italie et en 1938 en France. L'engouement pour le football, dans ces années-là, n'est d'ailleurs pas mis à profit pour rapprocher les nations. Comme en témoigne à l'époque l'organisation de la Coupe du monde 1934, dans l'Italie de Mussolini, ou bien des Jeux olympiques de 1936 en Allemagne nazie, le sport est utilisé pour légitimer les régimes dictatoriaux des pays hôtes.

Pourtant, l'idée de créer une compétition européenne est bien présente puisque, dès 1927, Henri Delaunay, secrétaire général de la Fédération française de football, pousse à l'organisation d'un tournoi international sur le continent européen. La création de la Coupe du monde sonne le glas de ce projet. Il faut attendre la fin de la Seconde Guerre mondiale pour que l'idée ressurgisse, avec cette fois, la ferme intention de rapprocher les peuples grâce au sport et de ne pas commettre les mêmes erreurs que par le passé. À la sortie de la guerre, alors que les « pères » de l'Europe (Jean Monnet, Robert Schuman, Paul-Henri Spaak) s'attellent à la construction économique et politique européenne, trois autres hommes vont, eux, élaborer l'union sportive du continent : l'italien Ottorino Barassi, le belge José Crahay et le français Henri Delaunay. Il faut dire que les choses bougent depuis 1953, puisque la FIFA a levé l'interdiction de créer des fédérations continentales. Une décision prise suite aux pressions des pays européens face à l'influence grandissante des nations sud-américaines. La première Coupe du monde d'après-guerre, en 1950, s'achève sur la victoire de l'Uruguay face au Brésil. Par ailleurs, le football s'internationalise et le poids des européens sur les décisions de la FIFA commence à fondre.

Ces deux tendances, à savoir contrer le leadership de l'Amérique du Sud dans le football ainsi que renforcer la logique de rapprochement des peuples – avec notamment la création du Conseil de l'Europe en 1949 et de la Communauté européenne du charbon et de l'acier (CECA) en 1952 –, font germer l'idée de la création d'une organisation européenne du football. C'est chose faite le 15 juin 1954 : l'Union des associations européennes de football (UEFA) est créée dans la ville suisse de Bâle – une fédération qui dépasse le simple cadre politique puisque 25 délégués y prennent part, représentant 30 fédérations de football, dont des fédérations issues du bloc de l'Est. Rappelons que, depuis la fin de la Seconde Guerre mondiale, l'Europe est divisée en deux par un « rideau de fer ». Cette expression symbolise la frontière politique divisant le continent européen en deux zones distinctes : un bloc de l'Ouest composé d'États européens tournés vers les États-Unis et un bloc de l'Est composé d'États européens placés sous influence de l'URSS. Le football est l'un des rares moyens qui permettent d'estomper quelque peu cette frontière politique.

La création de l'UEFA aurait dû logiquement aboutir à celle d'une compétition européenne entre les différentes sélections nationales. Alors que la Copa América en Amérique du Sud existe depuis 1916, le projet d'un équivalent européen tarde à se concrétiser. La mort, en 1954, d'Henri Delaunay, un des fondateurs de l'UEFA, lui fait encore obstacle. Pendant ce temps les clubs s'organisent. À la suite d'un article du *Daily Mirror* de décembre 1954, qui proclame que le club anglais de Wolverhampton mériterait le titre de champion d'Europe après deux victoires contre le Budapest Honvéd et le Spartak Moscou, le journal français *L'Équipe* contre-attaque. Il propose, à l'initiative de son journaliste Gabriel Hanot, la création d'une coupe européenne pour prouver que l'hégémonie

1. L'Euro de football dans les pas de la construction européenne

britannique sur le ballon rond est loin d'être acquise[2]. Une idée qui en rejoint une autre, le quotidien sportif recherchant depuis quelques années à créer une compétition pour améliorer les ventes de ses journaux en milieu de semaine.

Le 3 avril 1955, le journal *L'Équipe* et les présidents des principaux clubs européens actent ainsi la création de la Coupe des clubs champions européens, qui n'est ni plus ni moins que l'ancêtre de la Ligue des champions que nous connaissons aujourd'hui. La première édition de cette Coupe d'Europe est lancée lors de la saison 1955-1956. Si l'UEFA n'est pas intervenue tout de suite dans ce dossier, c'est avant tout parce que Henri Delaunay n'était plus à la manœuvre et que l'organisation avait été créée à ses débuts dans un but politique, à savoir défendre les positions européennes au sein de la FIFA, plutôt que dans celui de mettre en place des compétitions sportives.

Cette Coupe d'Europe connaît une telle ferveur populaire (avec près de 124 000 spectateurs dans le stade Santiago-Bernabéu lors de la finale de 1957 entre le Real Madrid et la Fiorentina) que l'idée de la création d'une compétition entre les principales sélections nationales refait surface au sein des instances de l'UEFA. Après moult remous avec la FIFA, le principe d'un championnat d'Europe des nations, ou Euro de football, est acté en juin 1958 à Stockholm. Un an plus tôt, les traités de Rome étaient signés et posaient ainsi les premières pierres d'une Communauté économique européenne (CEE).

Reste une tâche hasardeuse, celle de convaincre les fédérations nationales de participer à ce futur Euro, qui doit se dérouler

---

2. Mouton Olivier, *Hors-Jeu. 22 matchs de foot qui ont marqué l'histoire*, Armand Colin, 2017 – chap. 6, p. 61.

entre 1958 et 1960. Pierre Delaunay, fils d'Henri, entame alors une tournée pour convaincre 17 fédérations nationales de participer à cette première compétition. Comme pour la Coupe d'Europe des clubs, ce tournoi sportif rassemble des pays au-delà du « rideau de fer », car même l'URSS donne son accord. Le tout premier match de ce championnat, du moins les éliminatoires, a lieu le 28 septembre 1958 : l'URSS rencontre la Hongrie dans le stade Central Lénine à Moscou, où plus de 100 000 personnes viennent assister au match. D'autres matchs permettent à des nations des différents blocs de se rencontrer. Comme le 5 avril 1959, où la République d'Irlande, nation de l'Ouest, rencontre la Tchécoslovaquie, nation de l'Est.

Au fil des années, l'Euro continue de grandir et d'abattre les frontières. Pour l'édition 2024 en Allemagne, c'est 53 équipes nationales membres de l'UEFA qui participent aux éliminatoires. 24 équipes s'affrontent lors de la phase finale de cet été. Ce qui fait de « l'Europe du football » un important levier de la construction européenne en tant que continent, et même au-delà puisque des sélections nationales de football comme celles de l'Azerbaïdjan, d'Israël ou du Kazakhstan sont bien présentes. Le championnat d'Europe des nations de football a ainsi atteint son principal objectif, celui de rassembler, de briser des barrières et d'élargir les frontières européennes.

2.

EURO 1960 : QUAND L'ESPAGNE DE FRANCO REFUSE DE JOUER CONTRE L'URSS

Le premier Euro de football, en 1960, est une véritable aubaine pour l'UEFA, qui a l'ambition de faire de son tournoi la compétition la plus regardée de la planète football. Pourtant un match couperet entre les deux principaux favoris, l'Espagne et l'URSS, fait basculer ce moment sportif en un moment politique. Il met en lumière les différences majeures qui opposent encore l'Europe, la division idéologique entre les blocs de l'Ouest et de l'Est et la guerre froide.

Nous avons quitté l'Euro 1960, au chapitre précédent, avec l'un des matchs qui dépassaient les divisions européennes de la guerre froide, celui entre la République d'Irlande et la Tchécoslovaquie. À ce jeu-là, c'est l'équipe de l'Est qui s'est qualifiée pour la suite de ce championnat d'Europe des nations. Une compétition qui voit certes 17 sélections s'affronter, mais certaines grandes équipes européennes, comme l'Angleterre, l'Allemagne ou encore l'Italie, ont décliné l'invitation. La raison : elles émettent alors des doutes quant au succès de ce nouveau tournoi. Pourtant la France, troisième de la Coupe du monde 1958, la Suède, finaliste de ce Mondial face au Brésil, et l'Espagne, avec de nombreux joueurs du Real Madrid, sont bien là.

Le club madrilène est d'ailleurs installé sur le toit de l'Europe puisque son équipe a remporté l'ensemble des titres de la Coupe d'Europe des clubs champions depuis 1956 et rassemble les meilleurs joueurs du moment, en particulier Alfredo Di Stéfano. Autant dire que l'Espagne fait office d'épouvantail pour ce premier Euro. Pour parvenir à la phase finale de la compétition, les équipes engagées doivent encore jouer deux tours en matchs éliminatoires aller-retour, sorte de huitièmes et de quarts de finale avant l'heure. Les principaux favoris n'ont aucun mal à se distinguer durant leur tour d'échauffement. L'UEFA, organisatrice de la compétition, peut garder le sourire.

Une ombre se glisse au tableau au tour suivant. L'équipe de l'URSS, qui a disposé facilement de la Hongrie, retrouve en quart de finale l'Espagne. Un match alléchant sur le papier, entre les deux forces footballistiques du moment. Les soviétiques ont, en effet, remporté l'épreuve de football aux Jeux olympiques de 1956 de Melbourne. Pourtant, la rencontre n'aura jamais lieu. À cause d'un homme : Franco. Le dictateur militaire est en effet à la tête de l'Espagne depuis 1939. Pour y parvenir, il a dû gagner la guerre civile espagnole entre 1936 et 1939, guerre durant laquelle l'URSS a soutenu l'Armée populaire de la République espagnole, tandis que l'Italie fasciste et l'Allemagne nazie ont apporté leur soutien au régime nationaliste franquiste.

Le « Caudillo », surnom de Franco, garde cette « trahison » en tête. Neuf jours avant le match aller, un conseil des ministres a lieu pour déterminer si l'équipe espagnole doit affronter l'équipe soviétique dans le cadre de cet Euro 1960. Quatre jours plus tard, le couperet tombe. Il est décidé que l'équipe d'Espagne n'affrontera pas l'URSS. Une décision justifiée dans les textes par le fait que des soldats espagnols de la division Azul, mis à disposition par l'Espagne de la Wehrmacht durant la Seconde Guerre mondiale pour combattre sur le front russe, seraient toujours retenus prisonniers dans les goulags de Sibérie.

Juste avant son départ pour le match, l'équipe espagnole reste donc clouée au sol. La légende veut que la vedette espagnole, Di Stéfano, se soit lamentée : « Pourquoi ? Pourquoi ? » dit-il auprès d'un officiel de la fédération. « Pourquoi ? Ordre de Franco »[3], lui répondit-on. Il faut dire que le général militaire voyait d'un très mauvais œil le fait que l'équipe espagnole pût subir une défaite à Moscou, et porter ainsi un coup direct à la légitimité et à l'efficacité de son régime politique. Les vieux démons de la guerre civile espagnole auraient également pu ressurgir si des « ambassadeurs soviétiques » en crampons étaient venus jusque dans la capitale Madrid.

En tous cas, cette décision est terrible pour l'UEFA, qui ne veut pas que les décisions politiques des pays membres interfèrent sur le bon déroulement de sa compétition, présentée comme apolitique. Les journaux de leur côté ne tardent pas à dégainer. L'Agence France-Presse titre à l'époque : « Le football est victime de la guerre froide. »[4] L'UEFA tente alors le tout pour le tout et propose un compromis. Celui de jouer le match sur un terrain neutre. Si le régime espagnol accepte, les soviétiques en revanche refusent cette décision. Démunie, l'instance du football européen ne peut donc

---

3. MOUTON Olivier, *Hors-Jeu. 22 matchs de foot qui ont marqué l'histoire*, Armand Colin, 2017 – chap. 8, p. 83.
4. MOUTON Olivier, *Hors-Jeu. 22 matchs de foot qui ont marqué l'histoire*, Armand Colin, 2017 – chap. 8, p. 84.

2. Euro 1960 : quand l'Espagne de Franco refuse de jouer contre l'URSS

qu'abdiquer et annoncer la qualification de l'URSS. L'Espagne, exclue, reçoit une amende de 2 000 francs suisses. La grande génération espagnole de l'époque, qui domine le football européen avec le Real Madrid, perd alors l'occasion de remporter un grand titre international. En particulier Di Stéfano, qui ne remportera finalement aucun titre avec l'Espagne.

Du côté soviétique, l'équipe a le privilège de participer à la première phase finale de l'Euro de football de l'histoire. Pour cette partie de la compétition entre les quatre dernières équipes qualifiées, les matchs ne se jouent plus en aller-retour, mais en rencontre à élimination directe. L'UEFA choisit la France pour accueillir l'ultime tour, en hommage à Henri Delaunay. Cela ne porte pas chance aux Bleus, puisqu'ils s'inclinent en demi-finale face à la Yougoslavie, pendant que l'URSS se défait de la Tchécoslovaquie.

La finale, le 10 juillet 1960 au stade du Parc des Princes à Paris, a tout d'une rencontre politique. Désormais leader du mouvement des non-alignés, la Yougoslavie, gouvernée par le général Tito a, en effet, coupé ses relations avec l'URSS depuis 1948. Une victoire yougoslave serait vue comme un triomphe sur le modèle soviétique. D'autant plus que les joueurs se sont vu promettre une parcelle de terrain en cas de victoire. Pourtant, lors du match couperet, le légendaire gardien soviétique Lev Yachine dompte les offensives venues des Balkans, et c'est l'attaquant Viktor Ponedelnik qui propulse « l'armée Rouge » au sommet du football européen. Une victoire qui procure un soulagement.

L'URSS a en effet déjà croisé la route de la Yougoslavie lors du tournoi olympique de football en 1952, à Helsinki. La victoire yougoslave a entraîné une colère noire de Staline, qui a sanctionné sévèrement les joueurs de l'équipe et le sélectionneur de l'époque. En 1960, l'honneur est désormais rétabli. Le régime soviétique peut se vanter, avec cette victoire sportive, que son modèle politique prédomine sur les autres, en particulier ceux de l'Ouest. D'autant plus que le podium final de ce premier Euro consacre trois équipes nationales d'Europe de l'Est, avec l'URSS, la Yougoslavie et la Tchécoslovaquie.

Franco s'en mord-il les doigts ? L'histoire ne nous le dit pas. Pendant ce temps, les joueurs espagnols se consolent pour la plupart avec un nouveau sacre européen du Real Madrid, avec une victoire 7 buts à 3, face à l'Eintracht Francfort. Preuve que l'Espagne est en forme, le Ballon d'or 1960 est décerné au joueur du FC Barcelone Luis Suarez. La génération dorée n'a toutefois pas tout perdu. Franco a sa revanche, quatre ans plus tard, lors de la deuxième édition de l'Euro en 1964.

Cette fois-ci, l'Espagne se qualifie pour la phase finale, et se propose même de l'organiser. Une belle occasion de mettre la personne de Franco et son régime politique en avant. L'UEFA impose quand même une condition à ce que son tournoi se joue en terre espagnole. L'équipe de l'URSS, également qualifiée, doit pouvoir y participer. Les dirigeants européens veulent ainsi éviter un nouveau couac, d'autant que la compétition a bien grandi, avec 27 équipes qui ont participé aux éliminatoires.

La phase finale se déroule bien en Espagne et oppose le pays hôte au Danemark, à la Hongrie et, bien sûr, à l'URSS. Alors que les Soviétiques se qualifient facilement pour la finale, l'Espagne a presque manqué ce rendez-vous puisqu'il lui faut un ultime but dans les prolongations pour se défaire de l'équipe hongroise. Le match tant attendu a donc bien lieu, le 21 juin 1964.

Devant près de 80 000 personnes dans le stade bouillant du Santiago Bernabéu de Madrid, et surtout devant Franco en personne, les joueurs de la Roja n'ont tout simplement pas le droit

2. Euro 1960 : quand l'Espagne de Franco refuse de jouer contre l'URSS

à l'erreur. Le match commence tambour battant. Dès la 6e minute, le joueur du FC Barcelone Jesús Perada ouvre la marque. Deux minutes plus tard, l'attaquant du Spartak Moscou, Galimzian Khoussaïnov, lui répond. Lev Yachine, encore une fois, repousse les assauts adverses, mais c'est bien l'espagnol Marcelino qui permet enfin à cette grande équipe d'Espagne de remporter son premier titre international.

Une consécration pour le football espagnol, mais aussi pour Franco, qui cherchait une autre grande victoire sportive, en plus de celle du Real Madrid en Coupe d'Europe, pour rayonner un peu plus dans le paysage international. Ce sacre de l'Euro 1964 sera le seul fait d'armes de cette équipe espagnole sous le régime franquiste. Il faudra attendre ensuite les années 1990, et surtout le triplé historique Euro-Coupe du monde-Euro de 2008 à 2012, pour revoir l'Espagne du football briller à nouveau.

3.
Quand la géopolitique
rebat les cartes de l'Euro 1992

En 1992, l'Euro doit couronner l'un des principaux favoris, anglais, allemand, français ou encore néerlandais. Le tournoi de football est pourtant chamboulé par la chute de l'URSS et les guerres des Balkans. Un invité surprise fait sensation : le Danemark, qui profite de l'exclusion d'une Yougoslavie en plein conflit pour se révéler aux yeux du continent et écrire l'une des plus belles pages de l'histoire du football européen.

L'Euro 1992 constitue un double événement : d'une part, il s'agit du premier championnat d'Europe des nations de football après la chute de l'URSS et, d'autre part, il déjoue tous les pronostics, avec comme vainqueur inattendu le Danemark. Ce sacre n'aurait pas été possible sans les nombreux remous géopolitiques de cette période. En effet, le début des années 1990 ouvre une nouvelle ère pour l'Europe. La chute du mur de Berlin, le 9 novembre 1989, est le symbole de la fin de la frontière politique du « rideau de fer » en

Europe, qui entraîne la chute des différents régimes communistes de l'Est.

La fin de ce monde bipolaire laisse une opportunité à l'Europe de retrouver une place centrale dans les décisions mondiales. Elle n'a d'ailleurs pas attendu cet événement puisque, depuis la fin des années 1980, les pays européens cherchent à se fédérer. Cela commence avec l'Acte unique de 1986, qui ouvre la voie à la réalisation d'un marché européen et d'une démarche commune en matière de politique étrangère, bientôt suivi par le traité de Maastricht en 1992, établissant l'Union européenne.

Le football est l'un des terrains de jeu de l'époque qui aide à comprendre ces différents bouleversements. Le championnat d'Europe des nations de 1992, en Suède, voit notamment la qualification de l'équipe de football de l'Union soviétique, ce qui pose un problème puisque l'URSS disparaît officiellement le 26 décembre 1991. Elle est remplacée, dans un premier temps, par la Communauté des États indépendants (CEI), entité intergouvernementale composée de dix anciennes républiques soviétiques. L'ex-sélection de l'URSS est autorisée à participer à l'Euro 1992 sous la bannière de la CEI, le temps d'une compétition, avant que cette équipe ne disparaisse pour laisser place aux sélections nationales des nouveaux pays indépendants.

Pendant que le dernier vestige de l'Empire soviétique s'apprête à disputer son ultime tournoi de football, la région des Balkans s'embrase, avec l'éclatement de la Yougoslavie. Cette fédération de républiques multiethniques a vu le jour en 1945. Après avoir un temps suivi le modèle communiste soviétique, la République fédérale rompt avec l'URSS et maintient une politique de neutralité durant la guerre froide. C'est notamment grâce à la poigne de Tito, chef de la Yougoslavie, que le pays parvient à s'extirper de l'influence de Staline. Ce leader va fédérer de la manière forte la Yougoslavie, qu'il décrit comme une fédération « composée de six républiques, cinq nations, quatre langues, trois religions, deux alphabets et un seul parti ». À sa mort, en 1980, après trente-cinq ans d'exercice du pouvoir, la structure yougoslave commence à s'effriter, avec la montée du nationalisme dans les différentes républiques fédérées, longtemps contenu par le pouvoir central.

L'effondrement de l'URSS accélère les revendications pour une plus forte autonomie des peuples, notamment en Europe de l'Est où de nombreux régimes communistes, satellites de Moscou, sont renversés. La Yougoslavie n'en est pas exempte, avec les déclarations d'indépendance de deux de ses républiques fédérées en 1991, la Slovénie et la Croatie. Les représailles de l'État yougoslave ne se font pas attendre et les guerres des Balkans débutent. Alors que le conflit avec la Slovénie ne dure que dix jours, les guerres de Croatie, puis de Bosnie, s'étalent dans la durée, du fait que la république de Serbie de Slobodan Milošević souhaite intégrer de manière offensive les minorités serbes de ces pays à son territoire. C'est le conflit contre la Bosnie qui provoque l'exclusion de l'équipe de football de Yougoslavie de l'Euro 1992.

La cause ? À la suite de la reconnaissance de l'indépendance de la Bosnie par la communauté internationale le 6 avril 1992, la Yougoslavie contre-attaque et bombarde la capitale bosnienne, Sarajevo. Les sanctions des Nations unies ne tardent pas à tomber, avec le vote de la résolution 757 le 30 mai 1992. Elle entraîne un large panel de sanctions, notamment l'obligation pour les États membres de l'ONU d'empêcher la participation à des manifestations sportives sur leur territoire d'athlètes représentant la République fédérale de Yougoslavie. Le jour suivant, le 31 mai 1992, le comité d'urgence de la FIFA décide immédiatement de suspendre la

3. Quand la géopolitique rebat les cartes de l'Euro 1992

fédération de Yougoslavie, suivi bientôt par l'UEFA qui va exclure l'équipe yougoslave du championnat d'Europe des nations, qui doit commencer le 10 juin en Suède.

Dix jours avant l'ouverture de la compétition, on apprend ainsi que l'un des principaux favoris ne participera pas à cette grande fête du football. Un coup dur pour cette équipe, qui compte alors dans ses rangs un nombre important de joueurs vainqueurs de la Coupe d'Europe des clubs champions 1991, avec l'Étoile rouge de Belgrade : Siniša Mihajlović, Robert Prosinečki, Dejan Savićević ou Darko Pančev, notamment. Malgré une génération dorée, la sélection yougoslave commence à cette époque à suivre le même chemin que son pays, morcelé par la guerre. L'entraîneur Ivica Osim et le capitaine Faruk Hadžibegić, tous deux bosniaques, ont déjà plié bagage suite à l'offensive de l'armée serbe sur leur patrie.

La Yougoslavie étant exclue, c'est le deuxième de son groupe de qualification qui participe à l'Euro 1992 : le Danemark. Une situation cocasse, quand on sait que, dans le même temps, les Danois votent à 50,7 % non au traité de Maastricht, acte fondateur de l'Union européenne. Alors que dans le même temps, les joueurs danois disent oui à l'une des principales compétitions sportives européennes. Selon la légende, la sélection nationale danoise a appris la nouvelle alors que l'ensemble de l'équipe était en vacances. Une image qui collera à la peau des joueurs tout au long de la compétition, décrits comme des sportifs venus en Suède les tongs aux pieds, épouses au bras et bières dans les poches.

Pourtant ce scénario est loin d'être vrai. Le joueur Kim Vilfort a ainsi déclaré : « Une semaine avant, on avait joué un match contre la CEI et on avait fait 1-1. Les internationaux qui jouaient à l'étranger sont alors partis en vacances. Mais pendant les trois jours qui nous ont réunis pour ce match, nous avons appris qu'il était possible d'être repêchés. Nous savions cela. »[5] Une annonce qui reporte tout de même les plans du sélectionneur danois Richard Møller Nielsen, qui a prévu cet été-là de refaire sa cuisine. Les Danois s'engagent alors dans un stage commando de quelques jours pour retrouver le rythme de la compétition. Le joueur John Sivebæk se rappelle « le bordel que c'était. Lors des premiers entraînements, l'équipe n'était pas en forme. Il y avait pas mal de différences entre ceux qui venaient de finir la saison et ceux qui revenaient de vacances »[6].

En plus de cette préparation tronquée, la sélection danoise part de très loin : ses stars de l'époque, les frères Michael et Brian Laudrup, boudent l'équipe depuis 1990 et les choix du coach sont contestés. Les *Danish Dynamite*, surnom de l'équipe, ne sont plus que l'ombre d'eux-mêmes. Pour couronner le tout, le Danemark a hérité du groupe le plus compliqué. Les adversaires sont la France, invaincue lors de ses matchs éliminatoires, l'Angleterre, troisième de la Coupe du monde 1990, et la Suède, le pays organisateur.

Les Danois commencent leur Euro de la pire des manières. En deux matchs ils ne marquent aucun but, parviennent à obtenir un nul miraculeux face à l'Angleterre et s'inclinent face au voisin suédois, sur un but de Tomas Brolin. Alors que la France a son destin entre ses mains, les Bleus vont se faire surprendre par le Danemark. Un but de Lars Elstrup permet à la sélection danoise de remporter le match 2-1 et de se diriger tout droit vers les demi-finales.

Le conte de fées va encore se poursuivre. En demi-finale, les outsiders affrontent les Pays-Bas, tenants du titre. Après un combat de tous les instants, les deux équipes doivent passer par une séance de tirs au but pour se départager. L'arrêt du gardien Peter Schmeichel

---

5. GHEMMOUR Chérif, Pedro Alexandre, « Il était une fois Richard-Moller Niesen et le Danemark 1992 », *So Foot*, février 2014.
6. *Ibid.*

sur une frappe de la star néerlandaise Marco Van Basten propulse la sélection danoise en finale. Pour l'ultime confrontation, l'adversaire est le vainqueur de la Coupe du Monde 1990, l'Allemagne. Ce n'est pas n'importe quelle équipe d'Allemagne puisqu'il s'agit de la première équipe réunifiée allemande depuis la chute du mur de Berlin et la disparition de l'équipe d'Allemagne de l'Est, le 12 septembre 1990. Une victoire à l'Euro permettrait de définitivement sceller symboliquement la réunification de l'Allemagne, proclamée le 3 octobre 1990.

Pourtant, dès le début de la partie c'est le peu prolifique milieu de terrain danois, John « Faxe » Jensen, qui ouvre la marque, sur sa seule frappe cadrée du tournoi ! Preuve que ce but est exceptionnel, le milieu n'a inscrit avant ce match qu'un seul but en 48 sélections. Kim Vilfort finit le travail et permet ainsi au Danemark de l'emporter 2-0. Lui qui a dû quitter ses coéquipiers durant la compétition pour être au chevet de sa fille, atteinte d'une leucémie – elle perd malheureusement le combat contre la maladie quelques jours plus tard.

Le 26 juin 1992, dans le stade de Göteborg, l'invité surprise, le Danemark, remporte son tout premier championnat d'Europe des nations de football. Comme le souligne Vilfort, le Danemark « n'avait pas les meilleurs joueurs, mais sans doute la meilleure équipe ». La nonchalance de l'équipe décrite par les médias n'était qu'une façade, comme le rapporte le capitaine Lars Olsen : « Lorsque nous étions sur le terrain, nous étions concentrés et sérieux, mais en dehors on pouvait s'amuser et on s'est amusé. » Le lendemain de la victoire, la presse titre : « Le Danemark dit oui à l'Euro. » Un titre prémonitoire puisque, après les accords d'Édimbourg qui définiront des exceptions pour le Danemark, un second référendum aura lieu en 1993. Les danois diront alors une deuxième fois oui à l'Europe en acceptant de rejoindre l'Union européenne.

4.
QUAND L'EURO 1996 PARTICIPE À LA RECONNAISSANCE INTERNATIONALE DE LA CROATIE

Au début des années 1990, les guerres de Yougoslavie éclatent et exacerbent les tensions entre les populations croates et serbes de cette fédération. Alors que la Croatie cherche à être indépendante, son équipe de football lui offre la possibilité de promouvoir les futurs symboles de sa souveraineté et d'attirer l'attention de la communauté internationale sur sa situation. Avec en point d'orgue une première participation à une compétition internationale de football, l'Euro 1996, avant que « l'équipe au damier » ne crée la surprise lors de la Coupe du monde 1998, en France.

Alors que nous avons laissé le Danemark sur le toit de l'Europe, la situation empire dans les Balkans. Au début des années 1990, cela fait près d'une décennie que les relations entre les différentes républiques de la fédération de Yougoslavie se détériorent. Il faut dire que, depuis la création de la République fédérale de Yougoslavie en 1945, à la sortie de la Seconde Guerre mondiale, l'unité de ce pays est maintenue d'une main de fer par le leader autoritaire Josip Broz Tito. Une situation qui inspire cette métaphore au général de Gaulle : « Il n'y a que des bouts de bois qui tiennent ensemble [la Yougoslavie] parce qu'ils sont liés à un bout de ficelle. Le bout de ficelle, c'est Tito. Quand il ne sera plus là, les bouts de bois se disperseront. »[7] Le général n'a pas tort puisque, à la mort de Tito en 1980, les nationalismes se réveillent au sein des six républiques de la Yougoslavie que sont la Slovénie, la Croatie, la Bosnie, la Serbie, le Monténégro et la Macédoine.

Des mouvements sécessionnistes de minorités albanaises émergent au début des années 1980 dans le Kosovo, alors province autonome de la Yougoslavie, et en Serbie. Des manifestations sont sévèrement réprimées. Du côté slovène et croate, les deux camps cherchent à avoir une plus grande autonomie au sein de la fédération. Cela n'est pas du goût du nouvel homme fort de la Yougoslavie, le président de la République de Serbie Slobodan Milošević, qui veut préserver l'unité de la fédération tout en favorisant un fort nationalisme serbe. Le divorce est acté en janvier 1990, lorsque les délégations croates et slovènes quittent le congrès de la Ligue des communistes de Yougoslavie.

Quelques mois plus tard, des élections libres sont prévues dans les deux pays. En Slovénie, Milan Kučan du Parti de la réforme démocratique remporte l'élection. En Croatie, c'est l'Union démocratique croate (HDZ) de Franjo Tuđman qui l'emporte le 6 mai 1990. L'atmosphère en terre croate est plus électrique qu'en Slovénie. Une majorité de croates souhaite alors que la Croatie quitte la fédération

---

7. Ghemmour Chérif, *Terrain Miné, quand la politique s'immisce dans le football*, Hugo Sport, 2013, p. 135.

yougoslave pour devenir un pays souverain. Dans le même temps, de nombreux Serbes de souche vivant en terre croate s'opposent à cette sécession et veulent que leur territoire reste rattaché à la Serbie. Cette tension se matérialise une semaine plus tard, le 13 mai 1990, à l'occasion d'un match de football entre le Dinamo Zagreb et l'Étoile rouge de Belgrade. La rencontre, qui doit avoir lieu dans le stade Maksimir de Zagreb, n'a finalement pas lieu. Les affrontements, avant le match, entre le groupe des supporters du Dinamo, les Bad Blue Boys, et ceux de l'Étoile rouge, les Delije, dégénèrent en émeutes. Après que les supporters serbes ont commencé à attaquer leurs homologues à grands cris de « Zagreb est serbe » et « Nous tuerons Tuđman »[8], les supporters croates contre-attaquent ; le stade est envahi et le match devient le théâtre d'un véritable champ de bataille.

Au milieu de ce chaos, plusieurs joueurs du Dinamo restent sur le terrain, dont le capitaine Zvonimir Boban qui donne un coup de pied à un policier serbe pour protéger un supporter croate : « J'étais là, un personnage public prêt à risquer sa vie, sa carrière et tout ce que la renommée aurait pu apporter, pour un idéal, une cause : la cause croate. »[9] Un coup de pied qui deviendra un symbole de la résistance croate contre la Serbie. Le bilan « officiel » est lourd : 138 blessés et 147 arrestations. Ce non-match a plusieurs conséquences : Boban se voit suspendu par la Fédération yougoslave de football pendant six mois, ce qui lui fait manquer la Coupe du monde de l'été 1990, amputant la sélection nationale de l'un de ses plus grands espoirs.

Plus important encore, cet affrontement est vu à l'international comme le symbole des tensions ethniques en Yougoslavie. Il est

---

8. *Ibid.*, p. 139.
9. GHEMMOUR Chérif, « Le jour où Boban a réalisé son *high kick* », *So Foot*, mai 2020.

4. Quand l'Euro 1996 participe à la reconnaissance internationale de la Croatie

surnommé « le coup d'envoi de la guerre des Balkans ». Comme le dit Loïc Trégourès, professeur de sciences politique et auteur du livre *Le Football dans le chaos yougoslave*[10], « les incidents de Maksimir ont servi d'illustration au caractère alors irréversible de la cassure au sein de la Yougoslavie ». Ce match provoque une énième étincelle qui attise les braises nationalistes, déjà ardentes, dans un contexte politique tendu. Cette rencontre reste encore aujourd'hui pour les Croates un événement fondateur de leur nation. Ainsi, à l'entrée du stade de Zagreb, une plaque rend hommage « aux supporters de l'équipe qui, sur ce terrain, ont entamé la guerre contre la Serbie le 13 mai 1990 ».

L'enceinte de Maksimir est à nouveau le théâtre de la manifestation du nationalisme croate le 3 juin 1990. L'équipe de Yougoslavie affronte alors les Pays-Bas face à des tribunes hostiles. L'hymne yougoslave est hué. Les spectateurs scandent : « Croatie ! Croatie ! » Le capitaine de l'époque, Faruk Hadžibegić dit même : « Ce soir, nous sommes 11 contre 20 000. »[11]

Ce stade joue encore un rôle clé dans la première représentation de la Croatie en tant qu'entité nationale. Le 17 octobre 1990, un match a lieu entre une sélection de joueurs yougoslaves et l'équipe des États-Unis, alors en tournée en Europe. Du moins c'est ce qui est dit sur le papier. Officieusement, l'équipe présente face aux Américains est bien une véritable équipe de Croatie. Que cela soit par les maillots à damier (les armoiries historiques du royaume médiéval de Croatie), les hymnes joués, les banderoles dans le stade ou encore le billet du match qui indique clairement « Croatie/États-Unis ». L'équipe a fière allure puisqu'elle présente

---

10. Trégourès Loïc, *Le Football dans le chaos yougoslave*, Non Lieu, 2019.
11. *Ibid.*, pp. 58-59.

dans ses rangs des joueurs sélectionnés en équipe de Yougoslavie, comme le milieu Aljoša Asanović ou le gardien Dražen Ladić. Pour le football croate, cette première rencontre est considérée comme le tout premier match international des *Vatreni,* surnom de l'équipe. Le match est suivi d'un suivant en décembre 1990, face à la Roumanie, où les jeunes talents croates de l'époque, Zvonimir Boban, Robert Jarni ou encore Davor Šuker, jouent bel et bien. De son côté, la FIFA fait tout pour ne pas officialiser ces matchs et ainsi ne pas froisser la fédération de Yougoslavie, et ne pas créer un précédent politique qui pourrait donner des idées à d'autres nations en quête d'indépendance.

Toutefois, la première équipe officielle nationale croate ne voit pas le jour tout de suite. Le 19 mai 1991, la Croatie organise un référendum à l'issue duquel 93 % des votants disent oui à l'indépendance. La décision est contestée par Slobodan Milošević et, un mois plus tard, l'Armée populaire de Yougoslavie envahit le pays, ce qui débute la guerre de Croatie. Un cessez-le-feu intervient en janvier 1992, avec la reconnaissance de la Croatie comme État souverain par la communauté internationale. Ce qui lui permet d'être finalement admise à la FIFA et à l'UEFA par la suite. L'adhésion tardive ne lui permet toutefois pas de participer aux éliminatoires de la Coupe du monde 1994. Le premier match officiel reconnu par la FIFA a lieu le 4 septembre 1994, avec une victoire face à l'Estonie.

Du côté du champ de bataille, après une ultime offensive croate, la guerre prend fin, avec la signature de l'accord d'Erdut le 12 novembre 1995. L'année suivante, l'Euro 1996 constitue une belle opportunité pour ce nouveau pays de se montrer à toute l'Europe. L'équipe nationale croate s'est d'ailleurs qualifiée facilement pour la compétition en terminant à la première place de son groupe, à égalité de points avec l'Italie, finaliste de la dernière Coupe du monde. Des

4. Quand l'Euro 1996 participe à la reconnaissance internationale de la Croatie

bons résultats qui se confirment lors de la phase finale de l'Euro 1996, puisque la Croatie se qualifie pour les quarts de finale, après une victoire convaincante 3-0 face au Danemark, champion d'Europe en titre. L'équipe d'Allemagne stoppe la belle aventure croate, mais l'important est ailleurs : faire connaître la Croatie. Comme le dit à l'époque le joueur Igor Štimac : « Nous étions des ambassadeurs pour notre pays. C'était très important qu'il y ait des joueurs croates partout en Europe pour transmettre ce message, car avec nous il y avait la Croatie et le drapeau croate. »[12]

L'équipe nationale croate fera bien plus parler d'elle deux ans plus tard, lors de la Coupe du monde 1998, où elle fera trembler le pays hôte, la France, en demi-finale. Elle s'incline finalement après un doublé mémorable de Lilian Thuram et termine à une surprenante troisième place pour son premier Mondial. Bien que ce succès ait constitué une formidable vitrine médiatique pour le jeune pays, la Croatie restera diplomatiquement isolée jusqu'à la mort de son leader, Franjo Tuđman, en 1999, avant d'entamer les démarches pour être pleinement intégrée à l'Europe sur un autre terrain que celui du football.

____

12. *Ibid.*, pp. 147-148.

5.
ANGLETERRE-ÉCOSSE :
LA « BATAILLE DU BREXIT »

Le 18 juin 2021, les rivaux britanniques anglais et écossais s'affronteront à Londres, dans le stade de Wembley, à l'occasion du premier tour de l'Euro 2021. Ce match ne sera pas qu'une simple partie de football tant les relations entre l'Écosse et l'Angleterre se sont tendues suite au Brexit, actant la sortie du Royaume-Uni de l'Union européenne en 2020. Depuis, les Écossais s'estiment lésés par cette décision et souhaitent quitter le royaume britannique pour rejoindre l'UE. Le duel de cet été pourrais-t-il accélérer le processus d'indépendance de l'Écosse ?[13]

« Mes amis de la *Tartan Army* [surnom des supporters écossais] sont catégoriques sur le fait que si Gary McAllister avait marqué ce penalty, l'Écosse aurait gagné et tout le pays aurait exigé tout de suite un vote pour l'indépendance. »[14] C'est ainsi que Mark Perryman,

---

13. Chapitre rédigé lors de la 1re édition du livre, parue avant l'Euro 2021
14. NAKRANI Sachin, « Golden goal: Paul Gascoigne for England *v.* Scotland (1996) », *The Guardian,* décembre 2014.

auteur du livre *Ingerland: Travels with a Football Nation*[15], décrit l'ambiance autour du match Angleterre-Écosse de l'Euro 1996. L'histoire va se répéter à l'occasion de l'édition 2021 de ce championnat d'Europe des nations, et mettra à nouveau en avant la rivalité sportive entre ces deux pays, qui n'a jamais été très loin du terrain politique.

La question de l'indépendance écossaise sera au centre du jeu puisque cette problématique a récemment ressurgi. Il faut dire que, si le Royaume-Uni a bel et bien quitté l'Union européenne en 2020, les Écossais se sont prononcés à plus de 60 % contre le Brexit lors du référendum de 2016. Pour rappel, le Royaume-Uni est composé de quatre nations constitutives : l'Angleterre, l'Écosse, le Pays de Galles et l'Irlande du Nord. Les trois dernières ont des administrations dévolues, ce qui leur accorde une autonomie relative, chacune ayant leur propre gouvernement et leur propre parlement. Ce qui explique pourquoi une majorité d'Écossais souhaite remettre en cause la décision de sortie de l'UE : pourquoi ne pas redevenir un État à part entière ?

Avant de nous intéresser à la question de l'indépendance, il convient de revenir sur les origines de cette rivalité historico-sportive. L'Angleterre et l'Écosse ont par le passé souvent été les meilleurs ennemis. Tout commence à partir de la conquête de l'Angleterre par Guillaume le Conquérant au milieu du XIe siècle ; lui et ses successeurs seront amenés à intervenir aux frontières de l'Écosse pour faire cesser les attaques sur le nord du pays. Finalement, l'Angleterre et l'Écosse deviennent durant le Moyen-Âge deux royaumes distincts, qui alternent phase de paix et phase de guerre. Le royaume anglais

---

15. PERRYMAN Marc, *Ingerland: Travels With a Football Nation*, Simon & Schuster, 2006.

cherche notamment au cours des XIIIe et XIVe siècles à acquérir les terres de son voisin, ce qui donnera lieu aux guerres d'indépendance de l'Écosse. Ces velléités expansionnistes contraignent cette dernière à signer un traité d'alliance défensive avec le royaume de France en 1295 la « Vieille Alliance » (*Auld Alliance*).

Après s'être longtemps combattu, Jacques VI, roi d'Écosse, devient aussi roi d'Angleterre en 1603, ce qui a pour conséquence de créer une union personnelle entre les deux royaumes. Bien qu'ils partagent le même chef d'État, les deux pays sont encore souverains et distincts. Toutefois, un siècle plus tard, cette union se transforme, en vertu des Actes d'Union de 1707, pour donner naissance à un seul et unique État, le royaume de Grande-Bretagne, marquant ainsi la naissance prochaine du Royaume-Uni. Au fil des siècles, le nationalisme écossais grandit et, finalement, l'Écosse retrouve une plus large autonomie, avec le Scotland Act de 1998, qui instaure un Parlement écossais pour la première fois depuis 1707.

Cette rivalité s'orchestre tout au long du XXe siècle, notamment grâce aux rencontres sportives. En particulier au niveau du ballon rond, puisque l'Angleterre et l'Écosse sont les terres de naissance du football moderne. C'est d'ailleurs entre ces deux nations qu'a eu lieu la toute première rencontre internationale de football, le 30 novembre 1872, dans le stade d'Hamilton Crescent, à Partick, dans la banlieue de Glasgow. De nombreux matchs permettent de mettre en exergue le nationalisme écossais face à l'Angleterre, une victoire représentant bien souvent une manière de dominer l'autre, comme à l'époque des guerres anglo-écossaises. Au fil des rencontres, les anciens antagonismes ressurgissent puisque l'équipe d'Angleterre est surnommée par les supporters écossais l'*Auld Enemy*, autrement dit l'ennemi de l'ancienne alliance franco-écossaise du Moyen-Âge qui préservait l'indépendance.

5. Angleterre-Écosse : la « bataille du Brexit »

L'équipe d'Écosse impressionne à ses débuts puisque, bien que le pays soit plus petit et moins peuplé que son voisin anglais, elle enregistre 10 victoires lors des 16 premiers matchs face à l'équipe des *Three Lions*. En tout, les deux sélections se sont affrontées plus de 114 fois avec, pour l'instant, un léger avantage côté anglais avec 48 victoires, contre 41 pour l'Écosse, et 25 matchs nuls. Toutefois, le développement du football international et le déclin du football écossais réduisent quelque peu les confrontations directes entre ces deux équipes. La rivalité footballistique a d'ailleurs changé de camp, les matchs contre l'Allemagne et l'Argentine (voir chapitre 17) étant désormais considérés comme plus importants pour l'Angleterre que la rivalité historique avec l'Écosse. On retrouve plus ce duel sportif aujourd'hui entre le XV de la Rose et le XV du Chardon.

Pourtant, certains matchs de ces dernières décennies remettent cette rivalité au goût du jour. En particulier, le match du 15 juin 1996 au stade de Wembley, à Londres, lors du championnat d'Europe des nations. Cet Euro est organisé par l'Angleterre, alors même que l'équipe nationale est moribonde. Elle sort d'un Euro 92 raté et d'une non-qualification pour la Coupe du monde 1994. La pression est donc clairement du côté anglais puisque la presse de l'époque attend l'équipe des *Three Lions* au tournant. Du côté des supporters, l'espoir est grand, comme en témoigne le succès populaire de la chanson *It's Coming Home* du groupe The Lightning Seeds. Elle ravive l'espoir de tout un peuple fan de football, qui souhaite le retour d'un trophée majeur (le dernier datant de la Coupe du monde 1966) sur les terres de naissance du football.

Le hasard du tirage au sort fait que les meilleurs ennemis britanniques tombent dans le même groupe de cet Euro. Des rumeurs circulent pourtant à l'époque selon lesquelles l'UEFA ne veut pas qu'ils soient tirés au sort ensemble, de peur que les bouillants supporters anglais et écossais en viennent aux mains. Des débordements sont en effet à craindre : ce match est déjà un enjeu capital pour la suite de la compétition. Les deux sélections ont en effet commencé cet Euro par un match nul, l'Angleterre face à la Suisse et l'Écosse face aux Pays-Bas. Ce duel a donc déjà tout du match couperet car une défaite éjecterait l'une de ces deux équipes de l'Euro.

Côté tribune, le stade de Wembley, avec ses 70 000 spectateurs, est en fusion. L'hymne national écossais, *Flower of Scotland*, est complètement noyé par les huées des supporters. Alors que la partie est âprement disputée, l'attaquant anglais Alan Shearer débloque la situation à la 53ᵉ minute. Seulement 15 minutes plus tard, le défenseur des *Three Lions*, Tony Adams, fauche l'attaquant écossais Gordon Durie. Alors que tout le stade retient son souffle, le gardien David Seaman détourne en corner le penalty tiré par Gary McAllister. Quelques secondes plus tard, le contre anglais permet au fantasque Paul Gascoigne de réaliser un somptueux coup du sombrero avant de crucifier le gardien Andy Goram d'une reprise du pied droit. 2-0 pour l'Angleterre. Une libération pour toute l'équipe et une belle réponse de « Gazza », qui avait été la cible des tabloïds anglais après ses déboires extrasportifs, notamment une virée alcoolisée avec plusieurs autres joueurs lors du stage de préparation à Hong Kong.

Après ce match, les deux équipes britanniques peuvent encore se qualifier pour la suite de la compétition, mais l'Écosse est finalement éliminée à la différence de buts. Pourtant, lors du dernier match du groupe, l'Angleterre a le destin de son voisin entre les mains, après avoir mené 4-0 les Pays-Bas. Un but « tardif » de la sélection néerlandaise porte toutefois le score à 4-1 et élimine l'Écosse de la compétition. Le journal *The Guardian* raconte

5. Angleterre-Écosse : la « bataille du Brexit »

d'ailleurs, que, après le match, « la joie des supporters anglais était totale lorsque le joueur néerlandais Patrick Kluivert a inscrit ce but et ainsi privé l'Écosse d'une place en quart de finale »[16].

Ce match n'est pas la seule confrontation notable entre les deux sélections. L'Angleterre et l'Écosse s'affrontent de nouveau lors d'un double match de barrage pour l'Euro 2000, les 13 et 17 novembre 1999 dans un duel surnommé par la presse « la bataille d'Angleterre ». La tension est bien présente puisque le match aller, au Hampden Park de Glasgow, constitue le premier match disputé par les deux équipes en Écosse depuis près de dix ans. L'Angleterre l'emporte 2-0, grâce à son milieu Paul Scholes, tandis qu'aux abords du stade la bataille entre les fans fait rage. Le match retour à Londres fait douter les *Three Lions*, l'équipe écossaise tentant le tout pour le tout, mais ne gagnant finalement qu'avec un 1-0. Ce qui n'est pas suffisant pour empêcher la qualification de l'Angleterre pour l'Euro 2000 – pour la petite histoire, elle sortira dès le premier tour.

Bien que les deux équipes se soient rencontrées depuis, le match du 18 juin 2021, dans l'enceinte de Wembley à Londres, constituera le premier duel entre l'Angleterre et l'Écosse dans une compétition de football d'envergure depuis 2016. Un duel qui a tout pour être la prochaine « bataille d'Angleterre ». L'issue du match pourra-t-elle influencer la question de l'indépendance de l'Écosse ? Le sujet est en tout cas brûlant. Il est vrai que le dernier référendum sur ce sujet avait vu le camp du non l'emporter le 18 septembre 2014 avec 55 % des votes. En 2021, dans le contexte post-Brexit, la donne est tout autre.

Les pouvoirs politiques écossais s'organisent déjà en conséquence. Le 25 janvier, Nicola Sturgeon, cheffe de proue du Parti

---

16. Gibbons Michael, « The cultural resonance of Euro 96 », *The Guardian*, juillet 2016.

nationaliste écossais (SNP), a dévoilé sa feuille de route vers l'indépendance : « Je veux un référendum légal, c'est pour cela que je vais en appeler à l'autorité du peuple écossais en mai. Et s'ils me donnent cette autorité, j'agirai en conséquence. »[17]

Il faut dire que malgré l'accord commercial trouvé à la suite du Brexit, l'Écosse s'estime lésée sur de nombreux points, en particulier la pêche. Le Brexit complique les exportations de ce pays qui est le premier producteur européen de saumon, et qui est désormais privé des avantages du marché européen. En cas de victoire de son équipe nationale cet été, il sera intéressant de voir si une rencontre sportive de cette envergure pourra précipiter un référendum et acter, après l'Union européenne, un nouveau divorce pour le Royaume-Uni.

---

17. BROOKS Libby, « Sturgeon: SNP will hold Scottish independence vote if it wins in May », *The Guardian*, janvier 2021.

6.

MACÉDOINE DU NORD :
LA PARTICIPATION HISTORIQUE À L'EURO 2021

En 2021, un nouveau venu a participé à son tout premier Euro de football : la Macédoine du Nord. Une étape historique, car c'est la première fois que cette jeune nation prend part à cette compétition. De quoi un peu plus intégrer ce pays des Balkans dans la grande famille européenne sportive, avant, pourquoi pas, de rejoindre l'Union européenne.

« Le rêve est devenu réalité. »[18] C'est ainsi que s'est exprimée la star du football macédonien Goran Pandev, auteur de l'unique but lors de la victoire de la Macédoine du Nord face à la Géorgie le 12 novembre 2020. Ce succès a permis en effet à l'équipe de participer à l'Euro. C'est tout simplement la première fois de sa jeune histoire que la sélection macédonienne se qualifie pour un tournoi majeur de football international. Cet Euro 2021 a été

---

18. Rédaction, « Football : c'est une Macédoine du Nord unie qui célèbre sa qualification à l'Euro », *Le Courrier des Balkans*, novembre 2020.

ainsi l'occasion de mettre en avant un pays qui a la particularité d'être nouveau sur la scène internationale, puisque la Macédoine du Nord s'appelle ainsi depuis peu, suite à la résolution d'un différend diplomatique avec la Grèce. Pour mieux comprendre pourquoi ce changement est intervenu, il convient de revenir quelque peu en arrière.

La Macédoine est avant tout connue grâce à Alexandre le Grand. Couronné roi de Macédoine à 20 ans, victorieux de nombreux combats, il a conquis un immense empire à l'époque de l'Antiquité, allant de la Grèce aux portes de l'Inde. Au fil de l'histoire, la Macédoine a été une région à géométrie variable et perdu de son prestige, jusqu'à perdre son indépendance. Au début du XXe siècle, le territoire moderne de la Macédoine, sous domination ottomane, fut ensuite l'objet de convoitises entre l'Albanie, la Bulgarie, la Grèce et la Serbie. Plusieurs mouvements poussaient pour l'indépendance macédonienne, mais ce territoire passa, entre le début du XXe siècle et la Seconde Guerre mondiale, sous domination bulgare, puis serbe, avant d'être intégré au royaume de Yougoslavie.

En décembre 1944, l'Assemblée antifasciste pour la libération du peuple macédonien (ASNOM) a fondé la première République socialiste de Macédoine, qui fut ensuite intégrée au sein des six républiques de l'État fédéral yougoslave. C'est à partir des années 1980 que l'unité de la Yougoslavie s'effrita. Il faut dire qu'à l'époque, l'État yougoslave perdit son leader historique, Tito, dont l'autoritarisme avait permis de contenir les différents nationalismes de la république fédérale (voir chapitre 4). L'effondrement progressif de l'URSS et de son bloc de l'Est, en 1991, entraîna ce processus au sein de la Yougoslavie. Les déclarations d'indépendance successives des anciennes républiques socialistes de la Slovénie et de la Croatie précipitent la chute de la fédération. La Macédoine du

Nord emboîta le pas et organisa un référendum qui valida à plus de 95 % l'autodétermination. Le 8 septembre 1991, la République de Macédoine était proclamée.

Pour pleinement s'intégrer à la scène internationale, le nouveau pays tente de rejoindre rapidement les Nations unies. C'est à partir de ce moment qu'intervient *le* problème : le nom du pays est contesté par la Grèce. S'il y a une telle contestation, c'est parce que l'État grec revendique l'usage exclusif du terme Macédoine pour la province Nord de son territoire. Une terre et un nom, comme nous l'avons vu, chargés d'histoire et portant le mythe d'Alexandre le Grand. Pour la Grèce, si un État porte le nom de Macédoine, cela signifie que l'intégrité du territoire grec est menacée.

Une première solution est trouvée puisque la Macédoine du Nord rejoint l'ONU en 1993, sous le nom provisoire d'ancienne république yougoslave de Macédoine (ARYM). Ce compromis ne convient pas à la Grèce, qui impose un blocus sur le territoire macédonien à partir de 1994. Les sanctions sont finalement levées en septembre 1995, après une conciliation sous l'égide l'ONU. La Macédoine change différents aspects de sa Constitution et certains éléments de son drapeau pour ainsi lever toute ambiguïté avec les revendications grecques. Le conflit autour du nom est finalement résolu bien plus tard. Le 17 juin 2018, l'ARYM et la Grèce signent l'accord de Prespa, qui ouvre une nouvelle ère pour le pays macédonien. Il se renomme officiellement République de Macédoine du Nord le 12 février 2019. La fin du différend diplomatique permet la levée du veto diplomatique grec. Une aubaine pour ce « nouveau pays », qui peut désormais rejoindre les plus grandes organisations internationales. C'est le cas avec l'alliance euro-atlantique de l'OTAN le 27 mars 2020. Et pourquoi pas bientôt l'Union européenne ? La Macédoine du Nord est officiellement candidate à l'adhésion depuis 2004, et son gouvernement a fixé cet objectif comme une priorité stratégique.

Cette mise en lumière internationale va se poursuivre puisque, comme nous l'avons dit, l'équipe de football de Macédoine a validé son ticket d'entrée pour son premier Euro le 12 novembre 2020, avec une victoire face à la Géorgie. Une qualification historique pour un pays qui a plus l'habitude de voir ses équipes de basket ou de handball être sur le devant de la scène. Depuis son adhésion à la FIFA et à l'UEFA en 1994, la sélection macédonienne, surnommée les *Crveni Lavovi* (« Lions rouges ») n'a quasiment jamais fait parler d'elle. L'Euro est ainsi une belle occasion de mettre en avant un petit pays de 25 000 km^2 et de 2 millions d'habitants.

La qualification arrachée face à la Géorgie a aussi permis de rassembler la population macédonienne autour du symbole national commun que peut constituer une équipe de football. Les scènes de liesse furent nombreuses dans toute la Macédoine du Nord, et l'hymne du pays a résonné dans les rues de la capitale Skopje. Des images d'union qui font du bien pour un pays qui a connu des relations houleuses avec la minorité albanaise de sa population. Il faut dire que les guerres des Balkans, durant les années 1990, ont accru les tensions entre les Macédoniens d'origine slave et les Macédoniens d'origine albanaise. La guerre du Kosovo a notamment entraîné l'immigration de près de 360 000 réfugiés albanais dans le pays. En 2001, d'anciens combattants de cette guerre lancèrent une guérilla dans le but d'annexer les régions albanaises de Macédoine (la minorité albanaise représente environ 25 % de la population macédonienne) pour les intégrer au nouveau territoire kosovar. Une médiation internationale permit de mettre fin au conflit, avec la signature des accords d'Ohrid, le 13 août 2001, accords qui donnent un plus grand pouvoir politique

et une plus grande reconnaissance culturelle à la minorité albanaise, et qui font de l'albanais une des deux langues officielles du
pays, avec le macédonien.

Le succès footballistique de la Macédoine du Nord a permis
ainsi de réunir le pays au-delà des différences, puisque la moitié
des joueurs de l'équipe nationale est issue de la minorité albanaise. Ce qui fait dire à Goran Pandev : « Nous avons gagné pour
notre peuple et pour nous tous. » Ce message d'unité est également
relayé par le Premier ministre du pays, Zoran Zaev : « Macédoniens,
Albanais, Turcs… sous le même maillot, sous le même drapeau,
pour la patrie commune. »[19] C'est la preuve que désormais l'équipe
de football de Macédoine du Nord aura plus qu'un rôle sportif à
jouer durant l'Euro. Elle aura bel et bien un rôle d'ambassadeur du
pays, pour véhiculer des valeurs positives quant au pays, loin des
conflits ethniques de la région.

Comme l'évoquait Darko Pančev, ancienne gloire du football
yougoslave et macédonien, « cette génération de joueurs a une
occasion unique de réussir et de jouer contre les meilleurs équipes
d'Europe ». Le parcours de la Macédoine du Nord dans le tournoi,
marqué par une résistance acharnée, sera finalement sans succès.
Cette participation révèlent bien en revanche comment des tournois internationaux d'envergure comme l'Euro 2021, peuvent
servir de moyen pour promouvoir un « nouveau » pays et offrir des
moments de fierté et d'unité nationale.

La Macédoine du Nord n'a en tout cas pas fini son combat pour
revendiquer sa pleine intégrité, puisque la Bulgarie a récemment
mis en avant un différend historique et linguistique pour justifier
son veto dans les pourparlers entre le pays macédonien et l'Union

---

19. *Ibid.*

européenne. Le ballon rond permettra-t-il à la Macédoine du Nord d'être pleinement reconnue sur la scène internationale ? Difficile de le prédire. En tout cas, l'Euro et ses milliers de téléspectateurs restent une fenêtre d'exposition importantes pour mettre en avant les particularités de pays méconnus, qui ne demandent qu'à briller sur la scène européenne.

II. LES MATCHS IMPOSSIBLES

7.
RUSSIE-UKRAINE

Depuis 2014 et l'annexion de la péninsule ukrainienne de la Crimée par la Russie, les relations entre les deux pays ont atteint un nouveau stade en termes de tensions. Le 24 février 2022, la situation a basculé dans une guerre totale avec l'offensive militaire russe sur le territoire ukrainien. L'UEFA, qui avait déjà interdit aux deux équipes nationales de se rencontrer, s'est rangée du côté des sanctions internationales sportives en excluant la Russie de son organisation. Mais, alors que l'Ukraine sera présente lors de l'Euro 2024 avec sa sélection, les autorités russes tentent de se faire réhabiliter par les organisations du football mondial. Une bataille bien plus que symbolique dans ce conflit où chaque coup est permis.

Avant le début de la Guerre en Ukraine en février 2022, le conflit était déjà présent avec l'annexion de la Crimée, territoire ukrainien, par la Russie en mars 2014. Compte tenu des tensions propres entre les deux pays, l'UEFA avait pris les devants le 17 juillet 2014 en interdisant l'ensemble des rencontres opposant des équipes nationales, ou clubs russes et ukrainiens dans le cadre de ses compétitions

« Au vu de la situation politique actuelle, la fédération russe et la fédération ukrainienne ont exprimé leur inquiétude quant à la sécurité au cas où des équipes russes et ukrainiennes devraient s'affronter dans des compétitions de l'UEFA. »[20] Ce cas s'explique par le fait que la Russie n'a jamais véritablement accepté l'indépendance de l'Ukraine.

Les deux pays ont une histoire ancienne, du IXe au XIIe siècle, l'État de Kiev, qui recouvre l'actuelle Ukraine, est le premier État des Slaves de l'Est avant que ne s'impose le grand-duché de Moscovie, qui va devenir la Russie. Intégrée majoritairement à l'Empire russe aux XVIIe et XVIIIe siècles, l'Ukraine n'a été indépendante que de 1918 à 1920, avant de revenir sous le giron de l'URSS. L'effondrement du bloc soviétique a permis à l'Ukraine de se détacher de son imposant voisin et d'être indépendante en 1991. Mais l'influence du nouvel État russe est restée bien présente dans le pays, du fait de la forte présence de minorités russes, et dans la vie politique ukrainienne. 2005 est une année cruciale : les Ukrainiens votent en faveur du prorusse Viktor Ianoukovytch lors de l'élection présidentielle. Ce résultat provoque une série de manifestations, appelée « révolution orange », qui entraîne l'annulation du scrutin et, finalement, l'élection du président Viktor Iouchtchenko. Cette situation ne déplaît à la Russie, puisque le nouveau président ukrainien souhaite se détacher de l'influence de Moscou pour obtenir une éventuelle adhésion à l'Union européenne et à l'OTAN.

En 2010, Ianoukovytch retrouve le pouvoir par les urnes et entreprend un rapprochement avec son allié russe, ce qui explique le refus de son gouvernement de signer des accords de rapprochement avec

---

20. Dépêche AFP, « UEFA : pas de matchs entres clubs russes et ukrainiens », 17 juillet 2014.

l'Union européenne en 2013. Une crise éclate alors, qui entraîne la révolution ukrainienne de Maïdan en 2014, puis un changement de gouvernance et d'orientation à la tête du pays. Très rapidement, des tensions provoquent des échauffourées entre les territoires majoritairement russophones du sud-est du pays et le nouveau pouvoir central de Kiev. Une guerre civile éclate entre les séparatistes prorusses et l'armée ukrainienne dans la région du Donbass, à l'est du pays. La Russie profite l'instabilité de l'Ukraine pour instrumentaliser la Crimée et annexer ce territoire. Le 11 mars 2014, la Crimée, où réside à Sébastopol une bonne partie de la flotte russe, proclame son indépendance. Puis, à la suite d'un référendum, la Crimée est rattachée à la Russie le 18 mars 2014. Ces événements sont condamnés par l'Ukraine et une large partie de la communauté internationale. Ainsi, le 27 mars 2014, l'Assemblée générale de l'ONU a voté la résolution 68/262 sur « l'intégrité territoriale de l'Ukraine », la majorité des pays contestant le rattachement de la Crimée à la Russie.

Les relations entre la Russie et l'Ukraine seront donc marquées par cette annexion ainsi que la poursuite des conflits dans la région ukrainienne du Donbass, où des milices pro-russes tentent alors de faire sécession du reste du pays. La situation s'est intensifiée avec l'attaque militaire lancée par la Russie contre l'Ukraine le 24 février 2022, provoquant une onde de choc à travers le monde, y compris dans le domaine sportif. En réponse à cette invasion, des sanctions politiques, économiques, et sportives ont été rapidement mises en place pour isoler et sanctionner la Russie, et surtout éviter une escalade militaire qui aurait pu faire craindre une guerre mondiale de plus grande ampleur. Le 28 février 2022, le Comité international olympique (CIO) a recommandé l'exclusion des athlètes et équipes russes et biélorusses des compétitions internationales, une décision forte de l'une des organisations sportives les plus influentes au monde. La FIFA a suivi cette recommandation en excluant la Russie de la Coupe du monde 2022 au Qatar, et l'UEFA a retiré les clubs russes de ses compétitions et la sélection nationale russe des éliminatoires de l'Euro 2024.

Ces sanctions ne sont pas anodines puisque la Russie, sous la direction de Vladimir Poutine depuis 2000, avait fait du sport une arme de soft power, cherchant à redorer son blason et à démontrer son retour en tant que grande puissance sur la scène internationale après la chute de l'URSS. Pour le docteur en géopolitique Lukas Aubin, Poutine a mis en place « un système politico-économico-sportif, [la sportokratura], qui utilise les oligarques, les hommes et femmes politiques et les sportifs pour construire un modèle sportif ultra efficace. »[21] Cette stratégie ira même plus loin à l'orée des années 2010 avec l'organisation de grandes compétitions sportives pour démontrer le retour de la Russie au premier plan, notamment avec les Jeux olympiques d'hiver de Sotchi en 2014 et la Coupe du Monde de football en 2018. Cependant, la stratégie de « sport power » russe a été ralentie par les révélations autour du dopage d'État russe à partir de 2015, entraînant une « suspension » des compétitions internationales, avant d'être aggravée par les sanctions de 2022 liées à la guerre en Ukraine.

Face à ces exclusions, l'Union russe de football (RFS) a tenté de faire appel des décisions de la FIFA et de l'UEFA auprès du Tribunal arbitral du sport, sans succès. Dans un effort de réintégration dans le monde sportif, la Russie explore d'autres pistes, notamment l'intégration dans les fédérations sportives asiatiques. Un match amical entre la Russie et l'Iran en mars 2023, suivi de la participation de

---

21. Aubin Lukas, *La sportokratura sous Vladimir Poutine*, Éditions Bréal, 2021.

l'équipe de Russie au championnat de l'Association de football d'Asie centrale, montre cette tentative de contourner l'isolement sportif. Les dirigeants russes ont finalement voté à l'unanimité contre l'option d'intégrer l'Asie du football le 20 décembre 2023. Mikhaïl Gerchkovitch, membre de la RFU, justifie cette décision en soulignant que « nous avons décidé de poursuivre les contacts avec l'UEFA, d'autant qu'il y a des progrès », reflétant un optimisme prudent quant à la réparation des relations avec l'organe directeur du football européen.

Il est vrai qu'en octobre 2023, la FIFA et l'UEFA ont tenté de réintégrer les équipes U-17 russes dans les compétitions. Néanmoins cette tentative a été perçue par l'Ukraine et d'autres pays (comme l'Angleterre, la Pologne et la Suède) de réhabiliter la Russie et d'en quelque sort cautionner la guerre lancée par Vladimir Poutine. Ce qui a conduit les instances du football à abandonner ce plan. Le vent tourne en tout cas au plus haut niveau du sport mondial puisque le CIO a autorisé au cours de l'année 2023 aux athlètes russes, et biélorusses, de participer aux Jeux olympiques de Paris 2024. Une volonté ainsi pour le mouvement olympique de revenir à une position « neutre » vis-à-vis des athlètes ressortissants d'un pays, tout en conservant une position ferme sur leur participation et ne pas donner trop de gages à la Russie et ses précédents d'instrumentalisation sportive. Ainsi, les athlètes ne pourront participer aux JO qu'à titre individuel, sous bannière neutre, sans lien direct et sans soutien à la Guerre en Ukraine et en respectant les dispositions anti-dopage. Si plusieurs fédérations internationales sportives sous influence russe, comme l'escrime, ont commencé à réintégrer les athlètes russes, les organisations comme la FIFA ou l'UEFA n'ont pour l'instant pas évoluer sur leurs positions, tant une équipe nationale peut être porteur de symboles, et de tensions.

C'est le cas avec l'équipe nationale d'Ukraine. Sa qualification pour l'Euro 2024 est bien plus que sportive. Déjà à l'Euro 2021, où Ukraine et Russie étaient présents, la sélection ukrainienne avait arboré un maillot avec l'ensemble de leur territoire, incluant le contour de la Crimée sur le maillot, territoire annexé par la Russie en 2014, suscitant alors l'ire de Moscou. Par ailleurs le maillot arborait les inscriptions « Gloire à l'Ukraine ! Gloire aux Héros ! », slogan emblématique du soulèvement populaire de Maïdan en 2014. En réponse à la controverse entourant ces tenues, l'UEFA avait répondu affirmant que la carte incluse sur les maillots, intégrant la Crimée au territoire ukrainien, ne posait aucun problème du point de vue de l'organisation, car elle correspond aux frontières reconnues par les Nations Unies. Cependant, l'UEFA a pris une position ferme concernant les slogans inscrits sur les tenues, ordonnant leur supression. L'autorité européenne du football a justifié sa décision en soulignant que « la combinaison spécifique de ces deux slogans est considérée comme clairement politique de nature, possédant une signification historique et militariste ».

La participation de l'Ukraine à l'Euro 2024 sera en tout cas très politique, et est surtout déjà une victoire pour tout un peuple, pour ainsi montrer que la nation ukrainienne est toujours là, alors que son intégrité territoriale et son existence même son menacées. La réaction de Volodymyr Zelensky, président de l'Ukraine, témoigne de la force de cette qualification : « Merci les gars ! Merci à la sélection ! Pour les grandes émotions offertes au pays tout entier. Merci pour avoir démontré une fois de plus que chaque fois que les Ukrainiens font face à des difficultés mais ne renoncent pas et continuent la lutte, les Ukrainiens gagnent. Dans une période où l'ennemi tente de nous détruire, nous apportons chaque jour la preuve que les Ukrainiens sont et resteront. L'Ukraine est et restera ! Gloire à l'Ukraine ».

La qualification de l'Ukraine pour l'Euro 2024 est bien plus qu'une réalisation sportive mais un acte de résistance dans la guerre qu'elle mène face à la Russie, et les représentations sportives de leurs équipes nationales resteront encore pour longtemps un marqueur politique.

8.

LE CAS DU KOSOVO

Indépendant depuis 2008, le Kosovo n'en finit pas pour autant de voir son existence en tant qu'en État souverain remise en cause. Il faut dire que ce territoire des Balkans a une histoire complexe avec son voisin, la Serbie, qui met tout en œuvre avec ses alliés pour qu'il ne soit pas reconnu au niveau international. Si son entrée à l'ONU semble aujourd'hui bloquée, le Kosovo ne manque pas de ressources. L'État kosovar n'hésite pas à recourir à son équipe nationale de football afin d'essayer de faire tomber les barrières politiques de cet imbroglio diplomatique.

Les guerres ouvertes ne sont pas les seuls évènements qui empêchent deux sélections nationales de s'affronter. Les tensions politiques entre deux pays, qui ont pu connaître des conflits, empêchent d'autres matchs au niveau de l'Europe du football. C'est le cas de la sélection du Kosovo, qui ne peut pas affronter la Serbie et la Bosnie-Herzégovine en match officiel. Il faut dire que la question kosovare soulève beaucoup de tensions avec ses voisins de la région des Balkans. Pourquoi ? L'existence de cet État issu de l'ex-Yougoslavie est en effet contestée depuis sa déclaration d'indépendance en 2008. Reconnu par la FIFA et l'UEFA, mais pas par l'ONU, le Kosovo utilise le football comme une voie diplomatique pour affirmer son existence et rentrer pleinement dans le jeu des nations.

Qu'est-ce que le Kosovo ? Il s'agit d'un territoire d'Europe centrale d'environ 10 000 km² (soit la taille du département de la Gironde), enclavé entre l'Albanie, la Macédoine du Nord, le Monténégro et la Serbie. L'histoire du Kosovo est un récit complexe, intimement lié à celle de ses voisins albanais et serbes. À partir de 1878, et du congrès des Nations dit de Berlin, le royaume de Serbie devient indépendant et se voit confier le territoire de l'actuel Kosovo. Il faut dire que cette terre est associée dans l'histoire de l'imaginaire serbe à la bataille de Kosovo Polje, le 15 juin 1389, ou bataille du « champ des Merles », qui vit s'affronter l'Empire Ottoman et une coalition de princes chrétiens, notamment de Serbie. Ce combat fonde le mythe selon lequel le Kosovo serait le berceau de la nation serbe.

Par la suite, durant la Seconde Guerre mondiale, le Kosovo fut intégré à l'Albanie, alors sous contrôle de l'Italie fasciste. Après la guerre et la création du bloc de l'Est sous l'égide de l'URSS, Tito, chef communiste yougoslave, eut l'intention de créer une fédération des différents pays des Balkans, la République fédérative socialiste de Yougoslavie. Cela contraria le leader de l'URSS, Staline, qui souhaitait contrôler l'ensemble des pays de l'Est de l'Europe. En 1948, la rupture fut consommée entre les États soviétique et yougoslave. Les relations furent rompues. L'Albanie a rejoint la grande cohorte des « démocraties populaires » tandis que le Kosovo était intégré à la Yougoslavie en tant que province autonome.

Pourtant, après la mort de l'autoritaire Tito en 1980, les premières manifestations nationalistes éclatent dans cette grande fédération. Le Kosovo, composé à majorité d'Albanais, souhaite devenir une république à part entière. Les dirigeants communistes de Yougoslavie, influencés par la République de Serbie et son leader Slobodan Milošević, ne sont pas de cet avis et répriment durement les émeutes. Avec l'effondrement de l'URSS, à partir de 1989, de nombreuses nations du bloc de l'Est bataillent pour leur indépendance, ce qui provoque un effet boule de neige au sein de la République fédérative yougoslave : plusieurs de ses membres demandent leur indépendance. C'est le cas de la Slovénie, de la Croatie ou encore de la Bosnie. La Serbie de Slobodan Milošević tente par la force de sauver ce qui reste de la fédération, ce qui déclenche les sanglantes guerres de Yougoslavie. Les accords de Dayton de 1995 mettent fin à ces combats interethniques et à la fin de la grande fédération de Yougoslavie, qui n'est plus composée que de la Serbie, du Monténégro et du Kosovo.

Toutefois, cette nouvelle république n'en a pas fini avec la guerre, puisque des velléités indépendantistes se font jour désormais au sud. Une nouvelle guerre éclate, en 1998, au Kosovo, entre séparatistes albanais et forces serbes, faisant plus de 13 000 morts et provoquant une émigration massive. L'intervention de l'OTAN, en 1999, met fin au conflit armé et au régime répressif et violent de Slobodan Milošević.

Le Kosovo reste un territoire au statut indéterminé jusqu'en 2007. Il faut, en effet, attendre cette date pour que l'ancien président finlandais Martti Ahtisaari, qui supervise les négociations entre les gouvernements serbe et kosovar, soumette au Conseil de sécurité des Nations unies la proposition d'accorder le statut d'État indépendant au Kosovo. La Russie, membre permanent du Conseil, met son veto à cette résolution : cette indépendance serait, selon elle, contraire au principe de l'unité territoriale de son allié serbe. Le Parlement provisoire du Kosovo n'attend pourtant pas l'aval de l'ONU et déclare unilatéralement son indépendance le 17 février 2008.

Depuis, un long combat diplomatique a lieu pour faire reconnaître le Kosovo en tant que tel. Au 4 septembre 2020, ils étaient (environ) 98 sur les 193 membres des Nations unies à reconnaître cette indépendance, dont les États-Unis, la France et l'Allemagne. Bien que présent dans plusieurs organisations internationales (FMI, Banque mondiale), le nouvel État kosovar ne fait pas partie de l'une des plus importantes, l'ONU, du fait du veto russe. La Russie et la Serbie ne sont d'ailleurs pas les seuls pays à être farouchement opposés à la reconnaissance du Kosovo en tant qu'État. C'est aussi le cas de la Chine et de l'Espagne, pour qui la reconnaissance de cette indépendance enverrait un signal positif aux tenants des fortes revendications régionalistes en leur sein (Tibet et Xinjiang en Chine, Pays basque et Catalogne en Espagne). Quant à la Serbie, elle mène une campagne diplomatique importante, depuis 2017, afin que certains États limitent les visas pour les ressortissants kosovars et qu'ils révoquent leur décision de reconnaître le Kosovo. Depuis le 2 mars 2020, et la révocation de la Sierra Leone, ils sont 15 pays à avoir emprunté ce chemin.

En plus de ce conflit diplomatique, un conflit territorial persiste entre la Serbie et le Kosovo. Le nord du territoire kosovar, à majorité serbe, ne reconnaît pas l'autorité de Pristina, capitale du Kosovo, mais celle de Belgrade. Cela peut provoquer des situations dramatiques, comme lorsque, fin 2018, le gouvernement kosovar introduit une taxe sur tous les produits importés de Serbie et de Bosnie-Herzégovine, pays à forte minorité serbe. Cette taxe affecte lourdement la population serbe présente au nord du Kosovo. Pour éviter une catastrophe humanitaire en juillet 2019, Pristina envoie des produits alimentaires là-bas, mais, craignant d'être empoisonnés par les Albanais, les Serbes locaux refusent de les acheter.

Ces tensions diplomatiques et territoriales expliquent pourquoi un match entre le Kosovo et la Serbie ou le Kosovo et la Bosnie-Herzégovine, sous l'égide de l'UEFA, ne peut se dérouler. De peur que la bataille sur la pelouse n'entraîne un conflit. Le souvenir du fameux match du 13 mai 1990 au stade Maksimir, entre le Dinamo Zagreb et l'Étoile rouge de Belgrade, reste sans doute dans les mémoires. Pour la presse de l'époque, il s'agissait du coup d'envoi des guerres de Yougoslavie. Bien que la réalité soit plus complexe (voir chapitre 4), les débordements lors de ce match avaient dépassé les frontières et mis en lumière le rôle éminemment politique du football dans les Balkans.

Le ballon rond joue d'ailleurs un grand rôle dans la résistance kosovare durant les années 1990, comme cela est expliqué plus précisément dans le livre de Loïc Trégourès, *Le Football dans le chaos yougoslave*[22]. C'est un moyen de résister à la Serbie, de structurer la société civile kosovare et de lutter pour l'indépendance. Il continue à être utilisé depuis 2008, puisque le Kosovo passe par le sport pour exister sur la scène internationale. La représentation sportive permet de mettre en avant la nation kosovare à travers ses couleurs et son drapeau. Le Kosovo est, par exemple, membre du Comité olympique international (CIO) depuis 2014, ce qui lui donne la possibilité d'envoyer une délégation de sportifs aux Jeux olympiques de Rio en 2016. À cette occasion, la judokate Majlinda Kelmendi décroche l'or olympique et permet à l'hymne kosovar, « Europe », d'être joué devant des milliards de téléspectateurs qui suivent la compétition.

---

22. Trégourès Loïc, *op. cit.* – chap. 10, p. 175.

Pour ce qui est du football, le chemin est plus long pour parvenir à la reine des compétitions, la Coupe du monde. Il a déjà fallu batailler pour être membre de l'UEFA et de la FIFA. C'est chose faite depuis le 3 mai 2016, quand 28 des 54 membres du congrès de l'UEFA ont voté en faveur de l'adhésion du Kosovo. L'adhésion à la FIFA a suivi, ce qui permet désormais à la sélection des *Dardanians*, surnom de l'équipe du Kosovo, de prendre part aux éliminatoires de la Coupe du monde ainsi qu'à ceux de l'Euro. Une reconnaissance essentielle tant le football est un élément important de la nation kosovare, et un exploit rendu possible grâce à l'ancien joueur Fadil Vokrri, président de la Fédération du Kosovo de football, malheureusement décédé en 2018[23].

Avec seulement 2 millions d'habitants, le Kosovo est loin d'être ridicule sur la planète football puisque la sélection a enchaîné une impressionnante série de 15 matchs sans défaite entre le 24 mars 2018 et le 10 septembre 2019. Elle est passée de la 190e place au classement FIFA en 2016 à la 102e place aujourd'hui. Si l'équipe progresse aussi vite, et n'est déjà plus une « petite sélection », c'est en grande partie parce qu'elle s'appuie sur sa forte diaspora, c'est-à-dire la dispersion de sa communauté après la guerre et encore aujourd'hui à travers l'Europe. On dénombre, par exemple, environ 200 000 Kosovars en Suisse, soit 10 % de la population actuelle du Kosovo. L'équipe nationale est donc composée en grande partie de joueurs n'étant pas né dans le pays ou bien ayant déjà évolué au niveau international sous d'autres couleurs.

Surtout, les joueurs d'origine albanaise, donc proches de l'identité kosovare, se sont mobilisés bien avant 2016 pour que cette équipe existe balle au pied. En 2012, l'international albanais Lorik

---

23. LEFEVRE Florian, « Fadil Vokrri », *So Foot*, juin 2020.

Cana, ainsi que les joueurs suisses Granit Xhaka, Valon Behrami et Xherdan Shaqiri, tous d'origine albanaise kosovare, écrivent à la FIFA pour demander que le Kosovo puisse jouer des matchs amicaux officiels, initiative soutenue par de nombreux autres footballeurs. En 2016, la FIFA autorise les joueurs à évoluer pour les *Dardanians*, après avoir porté le maillot d'une autre sélection.

Ce n'est pas le cas des Suisses Shaqiri et Xhaka depuis les nouvelles réglementations de la FIFA. Pourtant les deux compères sont attachés au Kosovo. Ils ont d'ailleurs célébré, lors de la victoire de la Suisse contre la Serbie à l'occasion du Mondial 2018, les buts de leur équipe en reliant leurs mains avec leurs pouces. Un geste qui n'a rien d'anodin puisqu'il symbolise l'aigle bicéphale, signe de ralliement des Albanais. La FIFA a alors mis à l'amende les joueurs, ce qui a provoqué l'ouverture d'une cagnotte en ligne côté kosovar et albanais. Le ministre du Commerce et de l'Industrie du Kosovo de l'époque a également participé en faisant un don de 1 500 euros, soit la totalité de son salaire. Pour l'actuel sélectionneur du Kosovo, le suisse Bernard Challandes, il est de moins en moins compliqué de convaincre les joueurs de venir jouer sous les couleurs bleu et jaune, car il y a une dynamique autour de la sélection. Un tel engouement aurait pu permettre au Kosovo d'être de la partie à l'Euro 2021, mais une défaite face à son voisin, la Macédoine du Nord, a repoussé cet objectif.

Malgré son statut contesté, et les matchs impossibles face à la Serbie et à la Bosnie-Herzégovine, le football n'en demeure pas moins le meilleur outil de reconnaissance et d'espoir pour un territoire relativement pauvre et soumis à une forte émigration. Ce n'est d'ailleurs pas pour rien que le gouvernement kosovar a mis en place, dès 2011, un ministère chargé de la diaspora. Une participation à une compétition internationale de football mettrait en lumière la situation du Kosovo, qui, comme la Serbie, souhaite rejoindre l'Union européenne pour un avenir meilleur.

Le dossier reste évidemment en suspens, puisque certains membres de l'UE ne reconnaissent pas officiellement le Kosovo. C'est le cas de l'Espagne, qui a créé la polémique il y a peu, sa fédération de football ayant remis en cause l'existence de ce territoire. À l'occasion d'un match des éliminatoires pour la Coupe du monde 2022, le 31 mars dernier, la Fédération espagnole de football annonce que sa sélection nationale affronte « le territoire du Kosovo » et que cette équipe ne peut pas mettre en avant les symboles de la nation kosovare. Une remise en cause que s'est empressée de contester le Kosovo, qui a menacé de ne pas jouer la rencontre. Sans doute par crainte de se voir exclue par la FIFA, l'Espagne a fait machine arrière et le match s'est finalement déroulée normalement. Preuve qu'il reste encore un long chemin à parcourir pour le Kosovo et que le football joue un rôle éminemment politique dans sa reconnaissance.

9.
Gibraltar-Espagne

Au sud de l'Espagne, Gibraltar, un « rocher » d'environ 6 km², est l'objet d'un des plus vieux conflits diplomatiques, entre l'Espagne et le Royaume-Uni. Un conflit qui a pris une autre tournure depuis 2013, puisque Gibraltar a remporté son combat face à son voisin espagnol pour pouvoir participer à des rencontres officielles de football grâce à son équipe nationale. Madrid n'est pas près d'entériner la situation, et tente encore aujourd'hui d'établir sa souveraineté sur ce territoire.

Nous en parlions au chapitre précédent, l'Espagne reste opposée à la reconnaissance du Kosovo. Il ne s'agit pas de la seule situation géo-politico-footballistique sur laquelle Madrid reste bloquée. Il en est une autre, qui concerne un plus petit territoire, un « rocher ». Nous ne parlons pas ici de Monaco, mais d'une enclave qui génère beaucoup de tensions : Gibraltar. En effet, cette terre a la particularité d'être un petit territoire d'outre-mer britannique (6,8 km²) qui partage une frontière d'à peine un kilomètre avec son voisin d'espagnol. Un bout de terre qui n'en est pas moins stratégique, puisque ce territoire a donné son nom au célèbre détroit de Gibraltar, porte maritime entre l'océan Atlantique et la mer Méditerranée.

Pourquoi un territoire britannique si loin de sa métropole ? Pour le comprendre, il convient de se replonger quelque peu dans l'histoire. Jusqu'alors territoire espagnol, Gibraltar passe sous pavillon britannique en 1713 suite à la guerre de succession d'Espagne et au traité d'Utrecht. Depuis, ce « rocher » n'a de cesse d'être revendiqué par l'Espagne, en particulier dans les années 1960. La période de décolonisation aidant, le gouvernement espagnol tente de le récupérer en soulevant la question devant les Nations unies, au prétexte de mettre fin à la situation « coloniale » de Gibraltar, selon le principe du « droit des peuples à disposer d'eux-mêmes ». Face à cette offensive diplomatique, le Royaume-Uni contre-attaque et soumet un référendum aux Gibraltariens en 1967. Le résultat est sans appel : 99,64 % d'entre eux expriment leur volonté de rester sous souveraineté britannique. En conséquence, le dictateur Franco, chef espagnol de l'époque, ferme la frontière entre l'Espagne et Gibraltar. Celle-ci n'est rétablie qu'en 1985.

Le principal point de désaccord concerne le contrôle des eaux territoriales et les zones de pêche, puisque de facto la couronne britannique dispose de la situation avantageuse de Gibraltar. C'est pourquoi l'Espagne souhaite l'abrogation des accords datant du XVIIIe siècle. Le contexte tend à évoluer, puisque Madrid ne cherche plus à récupérer le territoire, mais plutôt à mettre en place d'une co-souveraineté hispano-britannique (à l'image de ce qui est fait pour Andorre avec la France). En 2016, l'Espagne reformule sa proposition de partager la souveraineté, mais les Gibraltariens, qui ont déjà rejeté l'idée par référendum en novembre 2002, maintiennent leur position. L'autonomie relative de ce territoire britannique est régulièrement remise en question par son imposant voisin. C'est pourquoi Gibraltar cherche depuis plusieurs années des moyens pour mettre en avant son statut particulier, vis-à-vis de l'Union européenne et du Royaume-Uni.

L'un de ces moyens est le sport, et pas n'importe lequel puisque le sport le plus populaire des 30 000 habitants de Gibraltar est le football. Son histoire est ancienne, puisque le ballon rond est introduit à Gibraltar par les militaires britanniques au XIXe siècle et que le premier club, Prince of Wales FC, est créé en 1892. Le football s'est développé ensuite avec l'apparition de nombreuses équipes, aboutissant à la mise en place d'un championnat. La sélection nationale de Gibraltar est, quant à elle, constituée en 1923, à l'occasion d'un match contre l'équipe de Séville. Toutefois cette équipe n'affronte que des clubs locaux et pas des sélections nationales. Il faut attendre les Island Games de 1993 pour voir le premier match international de Gibraltar face à l'île (britannique également) de Jersey.

Alors que les années 1990 voient l'apparition de nouvelles « petites » équipes nationales, comme Saint-Marin, aux éliminatoires de la Coupe du monde ou de l'Euro, Gibraltar demande son adhésion à l'UEFA en 1999. La démarche est loin d'être farfelue puisque des équipes comme les îles Féroé, territoire autonome du royaume du Danemark, sont membres de cette institution et disputent des matchs internationaux officiels avec leur sélection. Toutefois, le cas féringien est différent puisque le Danemark n'était pas opposé à cette demande. Or, dans le cas de Gibraltar, bien que le Royaume-Uni soit d'accord pour voir son territoire jouer sous ses propres couleurs, cela est vu comme un affront par l'Espagne, qui espère toujours récupérer ce bout de terre. En outre, le territoire espagnol est soumis à de fortes revendications régionalistes, et Madrid voit d'un mauvais œil un précédent susceptible d'inspirer le

Pays basque ou la Catalogne, qui ont déjà mis sur pied des équipes nationales officieuses.

Après s'être vu opposé de nombreux refus d'intégrer l'UEFA, Gibraltar refait une demande en 2007, avec cette fois le soutien de trois fédérations de poids (Angleterre, Écosse et Pays de Galles). L'Espagne ne dit toutefois pas son dernier mot et fait pression sur l'UEFA pour que les règles d'adhésion des fédérations de football soient restreintes aux États souverains reconnus par les Nations unies. Ce qui n'est pas le cas de Gibraltar, territoire d'outre-mer britannique. Ce changement de règles étant contesté côté gibraltarien, l'affaire est portée devant le Tribunal arbitral du sport (TAS). Finalement, en 2011, le TAS décide que l'adhésion de Gibraltar ne peut être refusée parce que les nouvelles règles de l'UEFA n'ont été établies qu'après les demandes initiales de 1999 et de 2007. Par la suite, la Fédération de football de Gibraltar est officiellement acceptée en tant que membre à part entière de l'UEFA le 24 mai 2013, seules les fédérations espagnoles et biélorusses s'y étant opposées[24]. Ainsi, pour le moment, l'UEFA n'autorise aucun match entre les équipes nationales de Gibraltar et de l'Espagne. Le premier match international officiel de Gibraltar a lieu le 19 novembre 2013, face à la Slovaquie.

Gibraltar poursuit ses démarches pour exister grâce au sport en devenant membre de la FIFA en 2016. Ses débuts sont toutefois laborieux car, comme beaucoup de petites sélections, l'équipe gibraltarienne termine dernière des différents groupes d'éliminatoires en ne remportant aucune victoire, à l'occasion des qualifications des Euros 2016 et 2020 et de la Coupe du monde 2018. Pourtant, la

---

24. MONTAGUE James, « Gibraltar moves closer to soccer independence », *New York Times*, mai 2013.

situation évolue, notamment grâce à la Ligue des nations, la nouvelle compétition de l'UEFA qui permet à des équipes « de même niveau » de s'affronter et, pourquoi pas ? de décrocher un ticket inespéré pour une participation à l'Euro. La sélection progresse bien grâce à cette compétition car c'est à l'occasion de cette dernière que Gibraltar remporte ses deux premiers matchs en compétition officielle, face à l'Arménie (1-0) et au Liechtenstein (2-1). De quoi mettre en avant tout un territoire avec ces victoires face à des équipes nationales habituées aux confrontations internationales.

Bien que la sélection gibraltarienne connaisse souvent la défaite, l'intérêt de l'existence de cette équipe nationale est ailleurs, surtout compte tenu du Brexit. Cette équipe nationale légitime un peu plus Gibraltar, avec la diffusion de son drapeau, ou encore l'image de son stade atypique à flanc de rocher, le Victoria Stadium. Des éléments importants pour ce territoire du Royaume-Uni dont l'avenir est incertain. Lors du référendum sur le Brexit, en 2016, ce sont près de 95,6 % des Gibraltariens qui ont voté pour que le Royaume-Uni demeure membre de l'Union européenne. Il faut dire que chaque jour, près de 14 000 personnes passent la frontière en provenance du Campo de Gibraltar, territoire espagnol voisin où le chômage frôle les 40 %. Avec le Brexit, c'est toute l'économie du Rocher qui est en péril. Face à ce risque, le chef du gouvernement de Gibraltar, Fabian Picardo, souhaite rallier l'espace Schengen, dont le Royaume-Uni ne fait pas partie, pour préserver cette liberté de circulation. Gibraltar veut notamment s'inspirer du cas d'autres micro-États en Europe, à l'image du Liechtenstein, membre associé de cet espace. L'Espagne et le Royaume-Uni ont déjà mené des discussions en 2018 sur la situation de Gibraltar, en signant des accords bilatéraux sur les droits des citoyens et sur la coopération administrative, policière et douanière.

Le 31 janvier 2020, le Royaume-Uni et Gibraltar ont bel et bien quitté l'Union européenne. Toutefois, les gouvernements britannique et espagnol ont convenu, en décembre 2020, d'un principe selon lequel le Royaume-Uni et l'UE pourraient négocier les conditions de la participation de Gibraltar à certains aspects de l'accord de Schengen, des négociations toujours en cours en 2024. L'Espagne reste toutefois à l'affût pour réitérer son projet de co-souveraineté et accorder le double passeport aux habitants de Gibraltar qui, ainsi, retrouveraient la liberté de circulation. Cela permettrait également à Madrid de gagner un combat diplomatique lancé depuis plusieurs siècles. Toutefois, il sera difficile de remettre en question l'existence de ce territoire, tant son équipe nationale de football joue désormais un véritable rôle d'ambassadeur de ce petit territoire, ô combien stratégique.

10.
ARMÉNIE-AZERBAÏDJAN

L'offensive militaire azerbaïdjanaise dans le Haut-Karabagh en septembre 2023 a remis en exergue aux yeux du monde les tensions existantes entre l'Arménie et l'Azerbaïdjan. Alors que les vertus du sport sont souvent mises en avant pour apaiser les relations diplomatiques, la situation est telle entre les deux États qu'aucune rencontre internationale n'est possible entre leurs sélections nationales de football. Une situation qui s'explique par la situation géopolitique du Haut-Karabagh, région que chacun des deux camps revendique du fait de son passé historique. Aucun arbitre n'est prêt de siffler la fin de cette partie, entre deux pays irréconciliables.

Les rencontres entre l'Arménie et l'Azerbaïdjan sont elles aussi «impossibles» selon les règles de l'UEFA. Une rencontre entre les deux peut interroger aux premiers abords car ces pays ne sont pas clairement définis comme étant intégrés à l'Europe. Ils font en effet partie de l'Asie occidentale et de la région du Caucase, bien que cette dernière ait eu une histoire intimement liée aux continents européen et asiatique. Les deux États sont, par exemple, membres du Conseil de l'Europe, organisation intergouvernementale pour la défense des droits de l'homme et le développement de la stabilité démocratique en Europe. Les fédérations de football de ces deux pays, quant à elles, ont bien rejoint l'UEFA (en 1993 et en 1994) et non la confédération asiatique du football, quelques années seulement après leur indépendance.

L'Arménie et l'Azerbaïdjan sont, en effet, de «jeunes» Etats indépendants puisqu'ils ont obtenu leur indépendance au début des années 1990, alors qu'ils étaient auparavant des républiques soviétiques. Ces deux pays ont toutefois une histoire tumultueuse depuis le début du XXe siècle. Après la Première Guerre mondiale et la dissolution de la Fédération transcaucasienne, l'Azerbaïdjan et l'Arménie proclament, une première fois, leur indépendance le même jour, le 28 mai 1918. Une guerre éclate très vite ensuite, car les deux entités revendiquent des territoires qu'ils jugent comme étant historiquement et ethniquement les leurs. Ils se voient finalement annexés par l'URRS, qui met fin au conflit, pour un temps. Le leader soviétique Staline décide unilatéralement que la région du Haut-Karabagh, peuplé en majorité d'Arméniens chrétiens, revient à l'Azerbaïdjan, à majorité musulmane. Ce n'est que lorsque l'empire soviétique se délite à la fin des années 1980, que les velléités nationalistes des deux pays ressurgissent, en particulier dans la région du Haut-Karabagh.

Dès 1988, la population locale se révolte et la région s'autoproclame république à part entière. Cette annonce entraîne une série de violences dans le territoire, qui bascule très vite dans la guerre. Le conflit perdure après la dissolution de l'URSS en 1991. Alors que l'Arménie et l'Azerbaïdjan déclarent leur indépendance, le Haut-Karabagh fait de même pour ne pas être rattaché au territoire azerbaïdjanais. Cette décision a pour conséquence la mise en place d'un blocus, de la part de l'Azerbaïdjan, sur la région et son principal allié arménien. Après des centaines de morts et de blessés, le conflit est finalement gelé en 1994, grâce à un cessez-le-feu. Les négociations pour la résolution finale du conflit ont pour cadre le Groupe de Minsk, coprésidé par la France, la Russie et les États-Unis, sans qu'une solution durable ne puisse être trouvée.

La question du Haut-Karabagh est encore à l'heure actuelle loin d'être résolue. La région rebascule même dans la guerre en 2016, lorsque l'Azerbaïdjan lance une offensive pour récupérer le territoire, ce qui déclenche la guerre des Quatre Jours. Le Haut-Karabagh, quant à lui, modifie sa constitution par référendum en 2017, prenant le nom de république d'Artsakh, en référence à la dixième province du royaume d'Arménie, réaffirmant ainsi sa volonté de ne pas être sous contrôle azéri. La guerre refait surface le 27 septembre 2020, lorsque la ville de Stepanakert est visée par des bombardements, ce qui déclenche des incidents diplomatiques en cascade et la mobilisation des forces armées arménienne et azerbaïdjanaise. La guerre prend fin le 10 novembre 2020, lorsqu'un accord de cessez-le-feu trilatéral est signé entre l'Azerbaïdjan, l'Arménie et la Russie. Le rapport de force bascule en septembre 2023 lorsque l'Azerbaïdjan lance une offensive militaire sur le territoire du Haut-Karabagh, qui se solde par un cessez-le-feu et le dépôt des armes par les séparatistes : le Haut-Karabagh est de facto intégré à l'Azerbaïdjan.

L'historique des conflits a donc contraint l'UEFA à poursuivre son interdiction de toute confrontation internationale entre les sélections nationales de football de ces deux pays. Il y a bien eu un essai par le passé, lors des qualifications de l'Euro 2008. Le hasard place alors l'Arménie et l'Azerbaïdjan dans le même groupe. Malheureusement, les rencontres n'auront jamais lieu, les deux États n'étant pas parvenus à un compromis. Les matchs sont tout simplement annulés et les deux équipes finissent aux dernières places du groupe. Preuve que le sport est loin d'être apolitique et qu'il ne peut pas résoudre tous les maux. En témoigne l'histoire récente, lorsque par exemple le joueur arménien Henrikh Mkhitaryan refuse de se rendre à la finale de la Ligue Europa 2019 car elle a lieu à Bakou, capitale de l'Azerbaïdjan. Le joueur et la Fédération arménienne de football réagissent également en septembre 2020, période du conflit dans le Haut-Karabagh, lorsqu'un dirigeant du club azéri Qarabağ FK est accusé d'avoir publié un message de haine envers l'Arménie et d'avoir défendu le génocide arménien de 1915. Malgré les appels à l'exclusion du club des compétitions européennes, rien n'est acté.

Le Qarabağ FK est d'ailleurs un exemple caractéristique des tensions Arménie-Azerbaïdjan. Le club a été fondé en 1951 dans la ville d'Agdam, située dans le Haut-Karabagh. La localité est prise en 1993 par les forces armées de la nouvelle république régionale, entraînant l'exode de ses habitants azéris et le déménagement du club dans la capitale, Bakou. Or, depuis sa reprise en 2001 par l'une des plus grandes sociétés d'Azerbaïdjan, Azersun Holding, le Qarabağ FK s'impose comme le grand club du pays. Cela est loin d'être anodin puisque, contrairement aux clubs arméniens, le Qarabağ FK commence à être un habitué des compétitions européennes. C'est d'ailleurs le premier club azéri à se qualifier pour la phase de groupe de la Ligue des champions en 2017. Grâce à cette exposition, l'Azerbaïdjan est ainsi mieux placé sur une carte par des millions de téléspectateurs. Cette réussite sportive porte le sceau de l'entraîneur de l'équipe, Gurban Gurbanov, qui souhaite en faire une référence sportive, « le Barcelone du Caucase », et la vitrine de la cause des azéris réclamant leur retour dans le Haut-Karabagh. Le football est également un relai pour les partisans de l'indépendance de « la république d'Artsakh ». L'équipe nationale de la région participe à plusieurs rencontres internationales non officielles depuis 2012, organisant même une Coupe d'Europe CONIFA en 2019 dans le Haut-Karabagh, dont nous parlerons plus en détail dans quelques chapitres.

Côté azerbaïdjanais, le football n'est pas qu'un simple sport. L'Azerbaïdjan investit depuis quelques années pour devenir une nouvelle place forte sportive. Jeux européens en 2015, Grand Prix de Formule 1 depuis 2016, finale d'Europa League 2019 et, cet été, des matchs de l'Euro 2021 à Bakou. L'Azerbaïdjan a pris le pli de nombreux autres États qui utilisent l'organisation d'événements sportifs pour séduire à l'international et redorer l'image de ce pays au régime autoritaire. Selon les dires du ministre des Sports du pays, Azad Rahimov, pour qui « [chacun] de ces événements renforce la place de l'Azerbaïdjan sur la carte du monde et crée les conditions pour faire augmenter le tourisme »[25], et qui vante les « 83 millions de téléspectateurs ayant regardé le Grand Prix de Bakou de Formule 1 en 2018 « C'est le cas aussi lors de l'Euro 2021 où la capitale Bakou accueille plusieurs matchs, qui ont mis en lumière un pays qui investit depuis de nombreuses années dans le football. Comme en témoignent la Socar, la compagnie pétrolière nationale, sponsor majeur de l'UEFA depuis 2013, qui a acheté à prix d'or le sponsoring de l'Atletico de Madrid pour que le slogan touristique du pays (*Land of fire*) soit affiché sur le maillot du club de 2013 à 2015.

Toutefois, vouloir exister grâce au sport et améliorer son image à travers des grands événements internationaux sportifs peut avoir un revers de médaille. Si l'Azerbaïdjan est sous la lumière, c'est

---

25. Dépêche AFP, « Ligue Europa : à Bakou, le sport en vitrine du régime », mai 2019.

le cas aussi du régime autoritaire de Ilham Aliyev, le président de l'Azerbaïdjan depuis 2003, et de sa politique belliqueuse vis-à-vis de l'Arménie. Après la victoire militaire azerbaïdjanaise au Haut-Karabakh en septembre 2023, l'Arménie a joué la carte diplomatique avec une proposition à son voisin d'un pacte de non-agression. Force est de constater qu'au début de cette année 2024, cette proposition n'a pas fait long feu puisque des regains de tensions militaires ont eu lieu le long de la frontière, suite à la réélection du président Aliev, au pouvoir depuis deux décennies dans ce pays riche en hydrocarbures. Arménie et Azerbaïdjan restent donc encore dos à dos et aucune partie de football ne pourra permettre jusqu'à présent d'accélérer un quelconque processus de paix.

III. Les équipes et compétitions atypiques

11.
L'autre Europe du football : la CONIFA

Alors que l'Euro de football se déroule cet été, une compétition atypique réunis des pays et régions qui ne sont pas officiellement indépendants : la Coupe d'Europe de la Confédération des associations de football indépendantes (CONIFA). Une compétition qui a la particularité de mettre en lumière des équipes de football représentant certaines minorités, ethnies et régions contestées mais existant ainsi grâce au football.

L'Euro n'est pas la seule compétition qui a pu rassembler des sélections internationales pour une compétition européenne de football. Il existe aussi celle de la Confédération des associations de football indépendantes (CONIFA), une organisation qui rassemble les équipes d'États non reconnus au niveau international, comme celles de minorités et de régions contestées. Ces équipes ne peuvent pas prétendre rejoindre l'organisation officielle du football mondial, la FIFA, faute d'infrastructures d'une part, parce que de telles « sélections nationales » entraînent des difficultés diplomatiques avec certains États d'autre part. C'est tout l'enjeu de la

CONIFA, qui veut mettre en lumière des populations à la situation géopolitique complexe. Cette confédération est née le 7 juin 2013, après la disparition de la NF-Board, qui organisait des compétitions entre de telles équipes depuis 2006. Selon ses statuts, elle a pour objectif de « contribuer au renforcement des relations mondiales et de construire des ponts entre les personnes, les nations, les minorités et les régions isolées du monde entier à travers l'amitié, la culture et la joie de jouer au football »[26].

Cette organisation reprend le flambeau de bien belle manière, puisqu'elle organise plusieurs compétitions internationales, dont la première fut une Coupe du monde qui s'est déroulée en 2014 en Laponie (nous y reviendrons plus en détail au chapitre suivant). De nombreuses équipes sont alors présentes, comme celle du Kurdistan – les Kurdes formant une population sans véritable État, vivant surtout en Turquie, en Iran, en Irak et en Syrie –, ou l'Abkhazie, territoire qui a proclamé son indépendance de la Géorgie en 1992 mais dont la situation n'est reconnue pour l'instant que par un petit nombre d'États, dont la Russie. Parmi les 12 équipes engagées, c'est le Comté de Nice, une sélection de joueurs mise en place pour promouvoir la culture et l'identité niçoise, qui remporte le trophée face à l'île de Man. Pour Franck Delerue, joueur du Comté de Nice, « c'était une expérience incroyable, on a changé de pays, on a découvert de nouvelles cultures, des régions du monde qu'on ne connaissait absolument pas »[27].

Depuis, deux autres éditions de cette Coupe du monde se sont déroulées. En 2016 en Abkhazie et en 2018 à Londres, où la

---

26. Site Internet de la CONIFA.
27. MENETIER Denis, « Comté de Nice, Ruthénie subcarpatique, Abkhazie... bienvenue à la CONIFA, l'antichambre de la FIFA », *France TV Sport*, février 2021.

sélection hôte était celle de Barawa, diaspora somalienne établie au Royaume-Uni. C'est d'ailleurs à cette occasion que la compétition de la CONIFA a rassemblé le plus d'équipes, 16, du Tibet aux îles Tuvalu en passant par la Kabylie. Près de 3 000 spectateurs de tous horizons se sont retrouvés dans le stade d'Enfield. La forte communauté chypriote dans la capitale britannique s'est d'ailleurs mobilisée pour soutenir l'équipe finaliste, celle de la République turque de Chypre du Nord, qui, comme son nom l'indique, est un territoire du nord-est de l'île de Chypre, reconnu uniquement par la Turquie. C'est finalement l'équipe de la Ruthénie subcarpathique (sur laquelle je reviendrai plus tard) qui remporte cette édition. L'organisation de telles compétitions n'est toutefois pas chose aisée puisque, contrairement à l'influente FIFA, seul le séjour des joueurs est assuré. Ce qui implique que les frais de voyage, le staff et le reste sont pris en charge par l'équipe. Cela complique le déplacement des sélections venus d'Amérique, d'Asie ou encore d'Afrique, les tournois CONIFA étant organisés essentiellement en Europe, et en contraint beaucoup à renoncer à participer faute de moyens.

En plus des contraintes matérielles, d'autres problèmes entrent en ligne de compte. Notamment la dimension diplomatique puisque certains pays ne veulent pas que leur intégrité territoriale soit contestée, à l'image de la Chine qui a protesté contre la présence de l'équipe du Tibet lors du Mondial CONIFA 2018, ou encore de l'Ukraine, en réaction à la victoire de la Ruthénie subcarpathique, région d'Ukraine à forte minorité hongroise, lors de ce même Mondial. Les autorités ukrainiennes ont alors dénoncé un « séparatisme sportif », ce qui a eu pour conséquence une interdiction pour les joueurs sélectionnés d'évoluer au niveau professionnel et amateur en Ukraine.

D'autres sélections ont des revendications différentes, comme celle de Cascadia. Cette équipe représente la bio-région du même nom, dans le nord-ouest du continent américain. Lors de ce même Mondial, lorsque le journaliste Matthew Engel pose la question : « Qui opprime les Cascadiens ? », un joueur de l'équipe lui répond : « Quiconque nuit à la planète. »[28]

Les problèmes diplomatiques restent en tout cas le principal frein au développement de ces sélections, comme le montre l'exemple de la dernière Coupe d'Europe CONIFA 2019 dans une région hautement sensible, le Haut-Karabagh ou république d'Artsakh. Cette compétition est alors, en effet, un moyen pour la région de mettre en avant son statut de république autoproclamée, vis-à-vis de l'Azerbaïdjan qui revendique la souveraineté sur ce territoire. Cela conduit à des pressions du côté azéri pour que certaines équipes n'y participent pas – c'est le cas des équipes de Sardaigne et de la république populaire de Donetsk. La Coupe d'Europe a toutefois bien lieu, remportée en finale par l'Ossétie du Sud face à l'Arménie occidentale.

Pourtant Per-Anders Blind, président de la CONIFA, se défend de toute politisation des événements : « On ne fait pas de politique. J'ai le football dans le sang et la politique m'importe peu. Nos membres sont souvent des populations qui ont été historiquement brutalisées et qui ont une faible estime de soi. L'objectif de la CONIFA est simplement de leur donner l'opportunité de montrer leur beauté, et d'éduquer le monde en les faisant connaître. »[29] Des

---

28. Duez Julien, « On était à la finale de la Coupe du monde de la CONIFA », *So Foot*, juin 2018.
29. Menetier Denis, « Comté de Nice, Ruthénie subcarpatique, Abkhazie… bienvenue à la CONIFA, l'antichambre de la FIFA », *France TV Sport*, février 2021.

populations brutalisées à l'image des îles Chagos, qui représente un peuple de l'océan Indien expulsé de leurs îles il y a plus de 50 ans par le Royaume-Uni pour en faire une base militaire américaine sur la principale île de Diego Garcia.

En 2020, la Coupe du Monde devait avoir lieu en Macédoine du Nord, mais l'épidémie de la Covid-19 a repoussé la compétition à une date ultérieure. Pour autant, l'avenir de la CONIFA est assombri. L'organisation commence à connaître les mêmes problèmes que sa très grande sœur, la FIFA, autour des enjeux de pouvoir. Paul Watson, ancien organisateur de la Coupe du Monde 2018, pointe notamment le fait que certaines fédérations européennes sont privilégiées par rapport à d'autres, notamment au vu de leurs assises économiques. En d'autres termes, si les fédérations, la plupart bénévoles, ne payent pas leurs cotisations, ils ne peuvent pas participer aux compétitions de la CONIFA.

Bien que l'épidémie de la Covid-19 ait considérablement ralenti le projet de ces Coupes du Monde des pays qui n'existent pas, attention à ce que ces belles initiatives, autour des peuples ou minorités ignorés, ne se transforment pas en un lieu où règne le favoritisme. La « résistance » s'organise, puisque certains membres de la CONIFA ont créé la World Unity Football Alliance, un groupe de fédérations cherchant à organiser des compétitions pour elles-mêmes, sans aucune hiérarchie ni jeu politique. La CONIFA n'a pas non plus perdu espoir d'organiser à nouveau une compétition d'envergure internationale, avec l'annonce d'une prochaine Coupe du monde à l'été 2024 au Kurdistan, qui rassemblera pas loin de 16 équipes en allant de la Kabylie au Tibet, en passant par l'Ossétie du Sud.

Quoi qu'il en soit, ces différentes sélections font à nouveau la démonstration que le football n'est pas qu'un simple sport et permet de s'exprimer autant par les pieds que par les mots.

12.
Laponie : la sélection nationale des terres du Père Noël

Preuve de l'impact mondial du football, même le Père Noël s'y est mis ! Au-delà de cette facilité narrative, la Laponie est bel et bien un territoire composé d'un peuple autochtone ancien, les Samis. Le football demeure aujourd'hui l'un des rares éléments d'unité de ce peuple qui s'étend sur quatre pays différents.

La Laponie. Ce nom ne nous est pas anodin puisqu'il est souvent associé au pays imaginaire du Père Noël, peuplé de rennes et de lutins. Pourtant ce territoire est bien réel. Il s'étend dans les régions septentrionales de quatre pays, à savoir la Norvège, la Suède, la Finlande et le nord-ouest de la Russie. Tout au long de son histoire, la Laponie a été habitée par le peuple autochtone nomade des Samis, qui compte aujourd'hui 100 000 personnes. Ce peuple ne doit pas être nommé « lapon », car ce terme a un caractère péjoratif en suédois : il signifie « porteur de haillons ». C'est d'ailleurs pour cette raison que ce territoire ne se nomme pas Laponie en langue locale, mais Sápmi.

Le terme discriminatoire n'a rien d'étonnant si on se réfère à l'histoire, puisque cette minorité a fait l'objet de persécutions tout au long du XXe siècle. Les différents peuples sames établis en Norvège ou en Suède tentent de s'unir dès 1917 avec le premier congrès same en 1917 à Trondheim, en Norvège. C'est alors la première fois que les Samis norvégiens et suédois se réunissent en dehors de leurs frontières nationales pour travailler ensemble afin de trouver des solutions à des problèmes communs. Ces différentes populations se voient finalement assimilées. C'est le cas en Norvège, où est mis en place une politique dont le but est d'« absorber ce peuple » et l'intégrer à la nation norvégienne, *via* des lois restreignant le droit des Samis à acheter des terres, à pratiquer leur culture ou bien encore à parler la langue same, et cela jusqu'en 1959. Même son de cloche en Suède, où les discriminations perdurent jusqu'en 1970.

La situation pour les locaux s'améliore par la suite, puisque les droits de ce peuple sont peu à peu reconnus. Les Samis instaurent des moyens pour promouvoir leur culture. Ils utilisent pour ce faire notamment le sport et le ballon rond. C'est le 19 juillet 1985 qu'une équipe du Grand Nord dispute son premier match international face à Åland, une province autonome de Finlande. La Laponie s'incline finalement sur le score de 4 buts à 2, mais l'intérêt est ailleurs. Ce match est avant tout historique. Il est diffusé en direct à la radio dans le nord de la Norvège et de la Suède, mettant en lumière ce peuple trop longtemps oublié et persécuté. Les joueurs de l'époque s'en rappellent encore, comme en témoigne Kalle Tjäder, le tout premier buteur de l'équipe de Laponie : « C'était merveilleux. C'était le premier match international de la Laponie et il fallait marquer. Je ne m'y attendais vraiment pas. »[30]

---

30. Kejonen Olle, « 1985: Sápmis första landskamp », *Sverige Radio*, août 2015.

Ce match participe au mouvement social des Samis des années 1980 pour une plus grande reconnaissance de leurs droits en tant que peuple autochtone. Des avancées aboutiront à la Conférence nordique sami à Åre, en Suède, le 15 août 1986, qui adopte le premier drapeau same, aux couleurs rouge, vert, jaune et bleu, orné d'un cercle représentant le soleil et la lune. Par la suite, les « Parlements sames » norvégiens, suédois et finlandais sont créées afin de faire remonter les revendications de cette minorité auprès des gouvernements nationaux. Cela n'est pas le cas côté russe, où n'est pas reconnu pas un tel organe représentatif. Les trois parlements travaillent souvent ensemble sur les questions transfrontalières, mais il n'existe pas de parlement sami unique et unifié couvrant les pays nordiques. Ils n'ont pour l'instant qu'une influence politique très faible, bien loin de l'autonomie.

De son côté, l'équipe de Laponie poursuit son ascension avec des matchs face à de véritables sélections nationales comme l'équipe des espoirs de l'Allemagne de l'Est en 1987, ou bien l'Estonie en 1990. Un développement rapide qui a poussé la Fédération de football de Laponie à demander son adhésion à la FIFA en 2001, imitant le territoire danois des îles Féroé. La procédure n'aboutit pas et l'équipe de Laponie poursuit son tour du monde. Il faut dire que, depuis les années 2000, des fédérations se créent pour que des équipes, qui ne sont pas acceptées comme membres de la FIFA, puissent s'affronter.

Les Nordiques frappent un grand coup en 2006, en remportant la Viva World Cup 2006, l'une des premières compétitions internationales de ce type pour ces sélections[31]. La victoire finale est sans

---

31. DOWLING Tim, « The World Cup sides you've never heard of », *The Guardian*, juin 2008.

appel, 21-1, face à l'équipe nationale de Monaco ! Un tel écart s'explique en partie par le fait que la sélection des Samis compte alors dans ses rangs plusieurs joueurs professionnels, évoluant dans les championnats de Norvège et de Suède, notamment l'ancien international norvégien Tom Høgli, qui devient par la suite un véritable ambassadeur de l'identité same.

Cette performance permet à l'équipe de Laponie de mettre en avant sa culture et son combat pour plus de reconnaissance. Surtout, cette sélection rassemble sur le papier l'ensemble des communautés sames, alors que sur le terrain politique les parlements ne sont pour l'instant pas unis. En raison de cette absence d'unité, la question de l'autonomie de la région n'est pas encore à l'ordre du jour. Le combat de cette sélection s'axe plus autour d'une meilleure prise en considération des droits de la population autochtone. Ce manque de coordination n'aide pas l'équipe de Laponie à se développer et l'empêche de remplir les conditions de candidature pour être membre des organisations de football de la FIFA ou de l'UEFA. Elle ne peut donc toujours pas participer à des matchs ou tournois internationaux officiels, tels que les éliminatoires de la Coupe du monde. Les différentes tournées de cette équipe ont néanmoins un rôle majeur dans la sensibilisation internationale aux droits du peuple same.

Cette dynamique connaît un ralentissement au début des années 2010, la Fédération de football de Laponie subissant d'importants problèmes financiers, qui aboutissent à la création d'une nouvelle structure en 2014, la FA Sápmi. Cette dernière ne perd pas de temps et accueille, en 2014, la toute première Coupe du monde de la CONIFA dans la ville d'Östersund, en Suède. Elle rassemble 12 équipes, allant du Kurdistan à l'île de Man en passant par le Haut-Karabagh. L'équipe de Laponie ne remporte aucun match et laisse le Comté de Nice remporter la compétition.

Les Samis participent par la suite à d'autres tournois internationaux, une autre édition du Mondial en 2016 en Abkhazie et la Coupe d'Europe 2019 dans le Haut-Karabagh. La Laponie ne parvient pas à remporter ces compétitions. Elle est actuellement classée 19e au classement mondial de la CONIFA, et la sélection n'a remporté aucun titre international depuis son trophée de 2006. Elle n'est plus la sélection majeure des équipes hors-FIFA. Ces résultats sportifs en berne s'expliquent en partie par la réticence croissante des clubs professionnels norvégiens et suédois à libérer leurs joueurs, d'origine same, compte tenu d'un calendrier de plus en plus chargé. L'intérêt est ailleurs pour cette équipe. C'est avant tout un moyen de mettre en avant l'identité de la nation same, dont 85 000 personnes se revendiquent, à travers un projet collectif et transfrontalier, et de rendre plus visible la Laponie et son histoire aux yeux du monde.

13.
ÅLAND :
UN PRESQUE ÉTAT AUX PORTES DE L'UEFA

Au sein de la mer Baltique, l'archipel d'Åland représente une enclave de culture, d'histoire, et d'autonomie unique, célébrant en 2021 le centenaire de son statut particulier. De par son histoire et ses liens étroits avec la Suède et la Finlande, il s'agit d'un véritable «État dans l'État» dans l'administration finlandaise. Åland envisage désormais un avenir potentiel au sein des institutions sportives internationales telles que l'UEFA et la FIFA, à l'image des Féroé ou de Gibraltar.

Bien que Åland ne représente que 0,005% de la population finlandaise et soit la plus petite région de Finlande, ce territoire bénéficie depuis 1921 du statut de province autonome. Pourquoi ? Resituons d'abord Åland. S'étendant sur 1 580 km^2 avec environ 6 500 îles, dont 60 à 80 habitées, Åland se situe entre la Finlande et la Suède, concentrant 90 % de ses 29 000 habitants sur l'île principale, Fasta Åland. Sa capitale, Mariehamn, abrite près d'un tiers de la population.

Si aujourd'hui Åland est en partie rattaché à la Finlande, son histoire intimement liée à celle de la Suède, puisque ces îles sont intégrées au royaume suédois à partir du XIIIe siècle, plus particulièrement au sein du duché de Finlande. Le petit archipel, du fait de sa position dans la mer Baltique, attire les convoitises, car celui qui contrôle Åland à la mainmise sur l'ensemble du golfe de Botnie. La Russie lance ainsi plusieurs offensives contre la Suède à partir du XVIIIe siècle pour récupérer ce nœud stratégique. Finalement les îles sont cédées à l'empire russe, avec le reste de la Finlande, lors du traité de Fredrikshamn de 1809. Preuve que cet archipel a de l'importance, les troupes françaises et britanniques y débarquent en 1854 pour rendre inopérante la marine russe en Baltique : c'est la Guerre d'Åland. Le territoire reste toutefois toujours aux mains des Russes à condition que le territoire îlien reste démilitarisé.

C'est durant la Première Guerre mondiale que la situation va évoluer. Après la révolution russe de 1917, la Finlande en profite pour retrouver sa souveraineté, proclame son indépendance et souhaite que les îles Åland soient rattachés à leur pays. Problème, les habitants de l'archipel, largement suédophones, et l'Etat suédois ne sont pas de cet avis. Les troupes suédoises profitent de la guerre civile finlandaise pour occuper militairement les îles. Le 6 mars 1918, un accord germano-suédois est signé pour le partage des îles. À la fin de la guerre la Finlande souhaite récupérer son dû, mais la population d'Åland n'est pas de cet avis. 96% de la population locale signe une pétition pour la sécession de la Finlande et pour l'intégration avec la Suède.

C'est la Société des Nations (SDN) qui, en 1921, attribue Åland à la Finlande, à condition que l'État finlandais s'engage à respecter et à garantir aux Ålandais l'usage de leur langue suédoise, de leur culture et de leurs coutumes locales. Un statut d'autonomie gouvernementale est également octroyée au territoire, ce qui signifie que les pouvoirs provinciaux normalement exercés par les représentants du gouvernement central finlandais sont en grande partie exercés par son propre gouvernement. La première réunion de l'assemblée législative autonome d'Åland a eu lieu le 9 juin 2022, une date désormais célébrée chaque année comme la fête nationale de l'archipel. Ce qui caractérise le mieux cette spécificité, entre influence suédoise et finlandaise, est sans doute le drapeau de cette province autonome. Ce drapeau, arborant une croix nordique jaune sur fond bleu, avec une croix rouge en son cœur, symbolise l'appartenance d'Åland à la Finlande tout en mettant en avant ses liens étroits avec la Suède. Au fil des années cette autonomie s'est traduite par des droits législatifs et administratifs spécifiques, qui permettent à Åland de mener des politiques internes et externes distinguées de celles de la Finlande continentale. En quelque sorte, un « État dans l'État ». Exemple en 1994 où a lieu un référendum séparé à Åland sur son intégration à l'Union européenne, avec une approbation à 73 %. La préservation de sa langue, de ses traditions, et son gouvernement autonome incarnent une forme d'« État libre associé » qui, tout en bénéficiant d'une large autonomie, reste profondément lié à la Finlande et ouvert sur le monde extérieur.

La présence d'une capitale propre, d'un parlement, d'élections, et de symboles nationaux tels qu'un hymne, reflète la forte identité culturelle et politique d'Åland. Cette autonomie est renforcée par des institutions locales et des pratiques éducatives ou administratives distinctes, comme le modèle unique de plaque d'immatriculation, qui soulignent la différence d'Åland avec le reste de la Finlande et, par extension, de l'Union européenne. Ces caractéristiques font d'Åland un cas fascinant d'équilibre entre appartenance nationale et autonomie régionale, offrant un modèle

13. Åland : un presque État aux portes de l'UEFA

de gouvernance régionale qui pourrait inspirer d'autres régions en quête d'autonomie au sein de leurs pays respectifs.

Une autre élément par lequel Åland se distingue, et qui est aujourd'hui un élément non négligeable de la représentation nationale d'un pays, est son équipe nationale de football. Cette dernière est créée en 1985, avec un premier match, et une première victoire contre une équipe dont nous avons déjà parlé précédemment, la Laponie. Plusieurs rencontres amicales suivront, avant qu'Åland e participe à sa première compétition à travers le tournoi de football des « Island Games ». Ces « Jeux olympiques » des îles, créées en 1985 , sont avant tout un moyen pour permettre aux communautés insulaires, autonomes ou non, de pouvoir promouvoir leur culture et leur patrimoine tout en permettant aux athlètes de pouvoir concourir à un niveau international. Surtout, son équipe nationale permet à Åland de brandir ses symboles nationaux (drapeau, hymne) lors de matchs et compétitions sportives, pour ainsi renforcer le statut si particulier de l'archipel et réaffirmer un sentiment d'appartenance.

C'est surtout grâce à ces clubs locaux qu'Åland a pu un peu émerger dans la sphère médiatique internationale. Le football est régi par l'Association de football d'Åland (ÅFF), fondée en 1943, qui est membre de la Fédération finlandaise de football. Ces onze clubs concourent ainsi à différents niveaux du football finlandais. Ainsi l'IFK Mariehamn parvient à triompher en remportant le titre de la Veikkausliiga, la première division finlandaise, en 2016. Cette victoire est qualifiée d'historique puisqu'il s'agissait d'un club modeste finlandais mais qui a permis de mettre en lumière tout l'archipel. L'IFK Mariehamn a ainsi pu participer l'année suivante aux tours préliminaires de la Ligue des Champions. Le club féminin Åland United a même fait plus fort en remportant trois championnats (2009, 2013, 2020) et deux coupes de Finlande (2020, 2021), se qualifiant ainsi régulièrement aussi pour la Ligue des champions féminine.

Néanmoins plusieurs voix poussent à Åland pour que le territoire est une véritable représentation aux couleurs de leur pays dans l'un des sports le plus populaire au monde, le football. L'adhésion récente du territoire d'outre-mer britannique Gibraltar en tant que membre de l'UEFA, et la longue appartenance du territoire autonome danois des Îles Féroé à l'association européenne de football, attestent que des territoires avec un degré d'autonomie spécifique peuvent prétendre à une représentation sportive internationale dans des compétitions officielles. En effet, pour les Îles Féroé, cette intégration s'est traduite par une révolution sportive : la participation à des matches internationaux authentiques, à des éliminatoires de championnats d'Europe et du monde, et l'accès à des ressources financières substantielles. Gibraltar emboîte désormais le pas, traçant un chemin prometteur que l'archipel d'Åland pourrait envisager de suivre.

La situation d'Åland, avec son autonomie et sa culture footballistique déjà établie, pourrait lui permettre de prétendre à rejoindre l'UEFA. « Si d'autres le peuvent, nous le pouvons »[32] – cette philosophie pourrait bien être le cri de ralliement qui propulsera l'Åland vers de nouveaux horizons footballistiques.

---

32. PETTERSON Jörgen, Gibraltar lyckades där Åland gick snett, Nya Åland, 17 décembre 2015.

14.
Saint-Marin :
la plus « petite » équipe de football
d'Europe

Saint-Marin, l'un des plus petits et des plus anciens États au monde, utilise son équipe de football comme un véritable ambassadeur pour exister sur la scène internationale. Au-delà des nombreuses défaites de cette sélection, le ballon rond est avant tout un moyen diplomatique pour ce minuscule pays de promouvoir son indépendance, acquise il y a de cela plus de 1 700 ans.

Partons du côté de la botte italienne, où se trouve l'un des plus petits États de notre planète : Saint-Marin, un territoire d'environ 60 km^2 et de 34 000 habitants, enclavé en pleine Italie. Il ne s'agit ni plus ni moins que du troisième plus petit pays d'Europe, après la Cité du Vatican et Monaco, et le cinquième plus petit pays au monde. Ce territoire est certes minuscule, mais il son histoire est riche. Saint-Marin est sans doute la plus ancienne république au monde. Ce qui, nous allons le voir, explique pourquoi ce petit pays est tant attaché à ce que son équipe de football fasse la promotion du pays.

Pour Saint-Marin, tout commence en l'an 257. Selon la légende, le tailleur de pierre Marinus participe alors à la reconstruction des murs de la ville de Rimini, après leur destruction par des pirates liburniens. Il ne peut achever son travail car il est obligé de fuir la ville, suite à une vague de persécution lancée contre les chrétiens par l'empereur romain Dioclétien. Marinus se construit alors un refuge dans les hauteurs du mont Titano, qui devient par la suite un monastère où il y vit en ermite. Alors que la persécution se poursuit, des chrétiens viennent se réfugier sous la protection de ce saint Marinus. Et c'est le 3 septembre 301 qu'est conventionnellement fixée la date de naissance de Saint-Marin.

Au fil du temps, ce petit territoire fait face à différents assauts et parvient à préserver sur ses hauteurs une certaine indépendance. Il devient une cité-république, dotée de son propre code juridique, puis d'une constitution à partir de l'an 1600. Saint-Marin prétend ainsi être le plus ancien État souverain existant et la plus ancienne république constitutionnelle. Un particularisme que les saint-marinais défendent bec et ongles au fil des siècles malgré les invasions, grâce à un habile sens de la diplomatie. Déjà, durant les guerres napoléoniennes, la république est reconnue par Napoléon par le traité de Tolentino, en 1797. Puis lors des guerres d'indépendance d'Italie, Saint-Marin recueille l'un des « pères de la patrie italienne », Giuseppe Garibaldi, évitant ainsi d'être intégrée à l'Italie moderne en 1861. Pour assurer ses arrières, la petite république écrit même au président des États-Unis de l'époque, Abraham Lincoln, et lui propose une alliance. Cette manœuvre astucieuse permet de confirmer l'indépendance de Saint-Marin après la signature d'un traité d'amitié avec l'Italie en 1862. Depuis, malgré les troubles et les guerres en Europe, Saint-Marin réussit à préserver son indépendance et sa république. Pour l'anecdote, il est l'un des seuls pays où un gouvernement communiste a été démocratiquement élu au pouvoir, de 1945 à 1957.

La pleine autonomie ne fait pour autant pas tout. Pour continuer à exister au niveau international, le pays développe des secteurs clés comme le tourisme, le vin et les timbres, et intègre les différentes instances internationales. Le petit pays devient un État reconnu par ses pairs puisqu'il intègre le Conseil de l'Europe en 1988 et les Nations unies en 1992. La république va même plus loin en intensifiant sa diplomatie sportive pour faire vivre son drapeau dans le monde. Déjà présente aux Jeux olympiques depuis 1960, elle rejoint l'UEFA et la FIFA en 1988.

Il faut dire que le football est un des sports les plus populaires de Saint-Marin, avec le basket et le volley-ball. La Fédération de football saint-marinaise est créée en 1931, suivie très vite par une première compétition en 1936, la Coppa Titano. C'est finalement bien plus tard, en 1985, que le football s'organise véritablement avec le premier championnat officiel de Saint-Marin, regroupant 15 équipes. L'équipe nationale, la *Serenissima*, quant à elle, voit le jour une année plus tard, en 1986, et dispute son premier match international, officieux, face à l'équipe olympique canadienne, avec une défaite par 1 à 0 à la clé. Une déconvenue qui va en appeler d'autres après son adhésion aux différentes organisations footballistiques. Sur près de 174 rencontres disputées, la sélection saint-marinaise n'a presque connu que des défaites. La plus notable étant un cinglant 13-0 contre l'Allemagne lors des éliminatoires de l'Euro 2008.

Pourtant, il existe un âge d'or pour l'équipe nationale de Saint-Marin : les éliminatoires de la Coupe du monde 1993. Après un

14. Saint-Marin : la plus « petite » équipe de football d'Europe

nul historique contre la Turquie, l'équipe affronte l'Angleterre dans le cadre de la dernière journée. Cette rencontre est importante pour les Anglais, car une victoire avec une large différence de buts peut les qualifier pour le Mondial aux États-Unis. Pourtant, après 8'3" de jeu, c'est Saint-Marin qui ouvre la marque. Davide Gualtieri entre dans l'histoire de la Coupe du monde en marquant le but le plus rapide des éliminatoires. Un but anecdotique, puisque les Anglais gagnent finalement 7-1, mais l'important est ailleurs puisque ce but fait la une des journaux du monde entier. Comme le rappelle Gualtieri, « le coach nous avait bien dit de jouer de suite le premier ballon, d'attaquer, car on aurait très peu d'opportunités durant le match. D'ailleurs, la façon dont l'action se développe ne laisse place à aucun doute. Ce but n'est pas juste un coup de chance »[33]. Cet exploit dépasse les frontières. En témoigne ce match de 1995, lorsque Saint-Marin se rend en Écosse, les fans scottish venant au stade avec un maillot floqué de la mention « Gualtieri – huit secondes ».

Malgré cet exploit, il faudra pourtant un brin de chance à l'équipe de Saint-Marin pour remporter son premier match en compétition officielle. Pour l'instant, la sélection n'a gagné qu'un seul match sur plus de 170 rencontres, lors d'un match amical, le 28 avril 2004, face au Liechtenstein. Andy Selva, meilleur buteur de l'histoire de la *Serenissima*, auteur du coup-franc victorieux se souvient : « Le meilleur but, c'est celui contre le Liechtenstein en 2004, synonyme de victoire, la seule à ce jour dans l'histoire de la sélection. »[34] Ce succès ne se renouvelle pas en compétition officielle. Ce qui fait que l'équipe de Saint-Marin, qui compte dans son

---

33. CHADBAND Ian, « San Marino hero who humiliated England », *Evening Standard*, mars 2003.
34. PAULUZZI Valentin, interview d'Andy Sellva, *So Foot*, mars 2015.

histoire près 730 buts concédés contre 24 inscrits, court toujours après une première victoire. Après le succès contre le Liechtenstein, il faut attendre le 15 novembre 2014, soit dix ans, pour voir Saint-Marin faire match nul 0–0 à domicile contre l'Estonie et ainsi mettre fin à une séquence de 61 défaites.

Ce bilan catastrophique s'explique par le fait que la plupart des joueurs de Saint-Marin ne sont pas professionnels, et ont du mal à évoluer hors de leurs terres. C'est pourquoi Andy Selva, l'un des rares joueurs saint-marinais à avoir évolué au haut niveau en Italie, a créé l'*Associazione Sammarinese Calciatori*, dont l'objectif est d'encourager le développement du professionnalisme et d'augmenter les moyens de la fédération de football, qui, par exemple, ne rembourse qu'à hauteur de 60 euros les frais de déplacement des joueurs amateurs de la sélection. Par ailleurs, pour l'instant, les instances du football de Saint-Marin ne procèdent pas à la naturalisation de footballeurs italiens, malgré les demandes de certains joueurs de deuxième et troisième divisions d'Italie.

Aujourd'hui, Saint-Marin est la 210e équipe nationale au classement mondial de la FIFA, derrière les îles Vierges britanniques et Anguilla. Ce qui place la sélection saint-marinaise à la dernière place du football mondial. Saint-Marin s'est même fait devancer au classement par le nouveau petit poucet du football européen, Gibraltar. Qu'à cela ne tienne, les rencontres sportives footballistiques et olympiques permettent à la plus ancienne république du monde de faire flotter son drapeau et d'exister à l'international alors que ce territoire ne fait que 60 km², soit l'équivalent de la taille de la ville de Besançon.

Comme pour les autres micro-États, Saint-Marin doit trouver des moyens de cultiver sa notoriété. Le sport est un de ses leviers. Récemment, le football l'a d'ailleurs fait de la plus belle des manières

14. Saint-Marin : la plus « petite » équipe de football d'Europe

lors des éliminatoires pour l'Euro 2020, où le seul but de la sélection nationale, après 9 défaites et 46 buts encaissés, fait l'objet de nombreux articles de presse. Un fan détourne même ce but avec la célèbre chanson du film *Titanic*, « *My Heart Will Go On* », faisant de cet événement l'un des exploits sportifs saint-marinais les plus partagés sur Internet. C'est les Jeux olympiques de Tokyo 2021 qui permettront à Saint-Marin de briller, avec leurs 3 premières médailles olympiques remportées.

Quant à la participation à un éventuel Euro de football, elle semble utopique, bien qu'une nouvelle compétition, la Ligue des nations, permette aux « petites » équipes d'accéder à ce grand tournoi européen. Saint-Marin n'a, pour l'instant, pas cet objectif, puisque son équipe nationale fait parler du pays « grâce » à son statut d'éternel perdant. Parfois il vaut mieux être la lanterne rouge pour être mis en lumière, plutôt que d'être dans le ventre mou du peloton.

Seconde partie :
AU-DELÀ DE L'EUROPE

IV. LE FOOTBALL, UN TERRAIN DE LUTTE ENTRE LES ÉTATS ET LES NATIONS

15.

HONDURAS-SALVADOR : LA GUERRE DU FOOTBALL

En 1969, le Honduras et le Salvador, deux pays voisins d'Amérique centrale, s'écharpent sur le terrain politique. Au même moment leurs deux équipes nationales de football s'affrontent pour la qualification à la Coupe du monde 1970. Ces simples matchs de football font pourtant jaillir des flammes qui attisent les braises de la guerre, entre deux « nations sœurs », dont les gouvernements respectifs n'ont de cesse que d'exacerber la haine l'une envers l'autre.

« Si aucune partie de ballon rond n'avait eu lieu en ce mois de juin 1969, une autre étincelle aurait à coup sûr été trouvée pour déclencher les hostilités. »[35] Ce constat de José M. Delgado, recteur de l'université de San Salvador, résume bien le contexte brûlant des matchs entre le Honduras et le Salvador en juin 1969. Des rencontres qui se déroulent dans un climat tellement délétère qu'elles seront surnommées « la guerre du football ».

---

35. GHEMMOUR Chérif, *Terrain Miné, quand la politique s'immisce dans le football*, Hugo Sport, 2013, p. 132.

Pourtant, le football n'est qu'un prétexte pour déclencher le terrible conflit qui s'en suit entre le Honduras et le Salvador, deux pays voisins d'Amérique centrale, qui partagent la même culture, la même langue, les mêmes couleurs de drapeau (bleu et blanc). Comment un match de football, qui constitue une grande fête populaire, a pu être le catalyseur d'un conflit presque fratricide ? Pour y répondre, il faut se plonger dans l'histoire. Les deux pays ont obtenu leur indépendance le même jour, le 15 septembre 1821, et c'est à partir des années 1960 qu'ils prennent des chemins bien différents.

C'est notamment la question démographique qui détériore les relations entre les deux pays. Le Salvador, au sud, est l'un des plus petits pays d'Amérique centrale et compte près de 4 millions d'habitants à l'époque, soit 200 habitants au km^2. De son côté, le Honduras, au nord, compte 3 millions d'habitants pour une surface de 120 000 km^2, soit 25 habitants au km^2. La population salvadorienne est tellement nombreuse que beaucoup émigrent sur les terres honduriennes ; en 1969, ils sont environ 300 000 Salvadoriens (soit 10 % de la population totale de l'époque du Honduras) à exploiter les champs du voisin. Cet exode massif s'explique par une répartition des terres très inégale au Salvador comme, nous le verrons plus loin, au Honduras. À l'époque, le Salvador est contrôlé par un régime oligarchique, aux mains de « 14 familles » ; 2 % de la population totale possède plus de 60 % des terres. La forte immigration fait même dire au général Arrelano, qui a pris le pouvoir au Honduras suite à un coup d'État en 1963 : « Les Salvadoriens colonisent le Honduras ! »

Pourtant les problèmes rencontrés par l'État hondurien portent un autre nom que le spectre de l'étranger : la United Fruit Company. La tentaculaire multinationale américaine est un acteur incontournable de l'époque en Amérique centrale. Son monopole sur l'acheminement, la vente et la production de produits exotiques fait que les différents pays sont dans l'obligation de passer par elle, ce qui lui confère un pouvoir d'influence non négligeable pour faire et défaire les gouvernements. Au Honduras, la situation est telle que la firme américaine contrôle presque tout, que ce soient les ports, les chemins de fer ou encore les banques. Son assise politique et économique lui permet de modifier les lois à coups de pots-de-vin. C'est d'ailleurs de là que vient l'expression « république bananière », inventée par l'auteur américain O. Henry. Il faisait ainsi référence à des États dont l'économie repose exclusivement sur la production de fruits exotiques et qui, pour survivre, doivent répondre aux exigences des multinationales. Il est difficile de résister quand on sait que, par exemple, la United Fruit Company a octroyé en 1975 la bagatelle 1,25 millions de dollars au dirigeant hondurien, le général Arrelano, et une promesse de 1,25 millions supplémentaires, en échange de la réduction des taxes à l'export des bananes.

Cela explique qu'en 1962, la réforme agraire, lancée par ce même Arrelano, est principalement à l'avantage des grands propriétaires terriens et sert les intérêts de la United Fruit. Le poids de la multinationale est très important puisqu'elle a réussi, en 1966, à regrouper de nombreuses autres grandes entreprises pour créer la Fédération nationale des agriculteurs et des éleveurs honduriens (FENAGH), scellant ainsi des alliances avec les plus riches agriculteurs du Honduras. Les mesures de la réforme ne s'attaquent donc pas au cœur du problème pour équilibrer la répartition des terres. Les immigrés salvadoriens, obligés eux aussi par leur pouvoir politique d'émigrer faute de terres disponibles, en sont clairement tenus pour responsables et ils sont peu à peu expulsés du Honduras. Les terres vacantes sont données partiellement aux petits agriculteurs, qui ne

15. Honduras-Salvador : la guerre du football

s'en sortent toujours pas financièrement et de rendre responsables les Salvadoriens de tous leurs maux.

De son côté, le Salvador ne veut pas du retour de ses nationaux expulsés, car il impliquerait de leur donner des terres, donc d'amputer, là encore, les grands propriétaires salvadoriens. Plutôt que de trouver une solution visant une meilleure répartition des richesses, les deux gouvernements s'accusent mutuellement. La tension territoriale entre les deux voisins ne fait alors que commencer. Les deux régimes autoritaires mettent en place une campagne d'instrumentalisation, dont l'objectif est de mettre les problèmes nationaux et agraires sur le dos de l'État voisin, et ainsi de conserver le pouvoir, tout en renforçant les avantages octroyés à la United Fruit Company. C'est dans ce contexte houleux, où les sentiments nationalistes sont exacerbés, qu'en juin 1969 le Salvador et le Honduras se rencontrent sur un terrain de football.

Le match est important car le vainqueur fera un pas de plus vers une qualification historique pour la Coupe du monde qui aura lieu l'année suivante au Mexique. Le premier match, le 8 juin 1969, se joue à domicile pour le Honduras, à Tegucigalpa. Ce dernier l'emporte 1-0 contre une équipe du Salvador épuisée. Il faut dire que les joueurs salvadoriens ont été confrontés à de nombreux problèmes dans la capitale hondurienne. Après leur avoir crevé les pneus de leur bus, les supporters adverses les empêchent de dormir toute la nuit. Ryszard Kapuściński, journaliste de l'époque et auteur du livre *La Guerre du foot et autres guerres et aventures*, raconte : « L'hôtel fut assiégé par la foule. Les supporters sifflaient, hurlaient, criaient des injures. Cela dura toute la nuit. Tout cela dans le but de faire perdre le match à leurs hôtes exténués et exaspérés. »[36] Dans le

---

36. KAPUŚCIŃSKI Ryszard, *The Soccer War*, Granta Books, 1990.

même temps, de nouvelles expulsions d'agriculteurs salvadoriens sont effectuées par le pouvoir hondurien.

Sur le terrain du football, rien n'est encore joué. Il faut disputer encore un match pour que le Honduras valide sa qualification. Mais le 15 juin 1969, c'est le Salvador, à domicile, qui se défait de son voisin sur le score de 3 buts à 0. Là encore, les conditions du match sont déplorables, les joueurs honduriens devant changer d'hôtel la nuit précédente, le premier étant incendié. Durant ces deux matchs, nombreuses furent les exactions commises dans un camp comme dans l'autre, et nombreux furent les supporters blessés, tués, violés... Pire, après le premier match, une jeune supportrice salvadorienne, Amelia Bolanos, se tire une balle dans le cœur, désespérée d'avoir vu son équipe s'incliner. Des obsèques nationales sont décrétées, et le pouvoir salvadorien ne manque pas de pointer du doigt la responsabilité du Honduras.

Dans ce climat délétère, le football passe au second plan. Chaque match est une occasion pour chaque régime en place d'attiser la haine du pays voisin. Une dernière rencontre doit d'ailleurs se jouer car, bien que le Salvador ait marqué plus de buts sur l'ensemble des deux matchs, le *goal-average* n'est pas pris en compte. Ce qui veut dire qu'il faut jouer un troisième match pour départager les deux équipes. Il a lieu le 26 juin 1969.

Compte tenu de la situation explosive, le Salvador a rompu la veille ses relations diplomatiques avec le Honduras. Le match est donc délocalisé sur terrain neutre, à Mexico. La rencontre se dispute dans une atmosphère pesante, tant les supporters des deux camps en font une question de vie ou de mort. Les joueurs ne sont plus vus comme des sportifs, mais bel et bien comme des soldats armés de crampons qui doivent venger les humiliations. Alors que le Honduras mène 2-1, c'est finalement le Salvador qui l'emporte au bout des prolongations sur le score de 3 buts à 2. Bien que les joueurs salvadoriens soient propulsés au rang de héros, l'exploit sportif est vite éclipsé pour faire de cette victoire un instrument au service des deux pouvoirs autoritaires.

Après le match, les gouvernements des deux pays continuent d'attiser les braises nationalistes, ce qui contribue à faire augmenter les incidents frontaliers. Le lundi 14 juillet 1969, l'inéluctable se produit. Un avion salvadorien lâche une bombe dans la capitale hondurienne, Tegucigalpa. La guerre, la vraie, commence. Elle est appelée la « guerre des Cent Heures ». Un conflit court, presque fratricide, stoppé sous la pression de la communauté internationale, mais surtout par le manque d'armes et de carburant de deux pays exsangues. Il n'en reste pas moins qu'en cent heures, cette guerre a eu le temps de faire entre 3 000 et 6 000 morts, et plus de 15 000 blessés.

C'est ainsi que ce Salvador-Honduras est tristement surnommé la « guerre du football », suite au livre éponyme de Ryszard Kapuściński qui y a décrit ces faits. Le ballon rond n'a joué qu'un rôle à part dans cette escalade diplomatique. Pour l'anthropologue français André-Marcel d'Ans, « [la] dénomination journalistique de "guerre du football" donne l'impression que ce sont des peuples prêts à en découdre pour une simple histoire de ballon. C'est très dévalorisant, cette guerre extrêmement violente a quand même entamé le potentiel de chacun des pays pendant très longtemps »[37].

Après ce conflit meurtrier, le peuple salvadorien n'a pas de quoi fêter la participation historique du Salvador pour le Mondial 1970 – il s'est qualifié à l'issue d'un dernier match face à Haïti. Les « héros

---

37. GHEMMOUR Chérif, *Terrain Miné, quand la politique s'immisce dans le football, op. cit.*, p. 132.

salvadoriens » ne font pas de miracle au Mexique, ils perdent leurs trois matchs face au pays hôte, l'URSS et la Belgique, et n'inscrivent pas le moindre but.

Sur le terrain diplomatique, les régimes autoritaires restent en place, surfant encore sur la vague xénophobe, et ne signent un traité de paix qu'en 1980. Outre le fait que cette guerre a considérablement tendu les relations entre les deux pays, elle stoppe également la mise en place du Marché commun centraméricain pendant 22 ans, une union économique entre le Costa Rica, le Guatemala, le Honduras, le Nicaragua et le Salvador qui ne plaît guère aux intérêts de la United Fruit Company dans la région.

Depuis, le Honduras et le Salvador se sont rencontrés à de nombreuses reprises sur le terrain du football mais les tensions politiques persistent, chaque régime politique renvoyant la balle au pays voisin en le rendant responsable de ses problèmes internes. Comme si l'histoire se répétait, encore une fois.

16.

QUAND L'ÉQUIPE DE FOOTBALL DE HONG KONG RENVERSE LA CHINE

Alors que la Chine durcit la législation envers Hong Kong pour que le territoire devienne pleinement chinois, il fut un temps où les hongkongais résistaient à l'hégémonie chinoise grâce au sport. Cela se produisit le 19 mai 1985 sur un terrain de football. L'humiliation de la Chine fut telle que cela déclencha (déjà) un confit diplomatique.

L'étau chinois se resserre autour de Hong Kong pour faire de ce territoire, longtemps britannique, une terre chinoise à part entière. Il faut dire que le 28 mai 2020, le Parlement de la République populaire de Chine a voté un texte de loi sur la sécurité nationale. Un texte qui, selon le journal *Le Monde*, « met fin à l'exception démocratique de Hong Kong et limite considérablement, voire annihile, les libertés civiles et politiques de n'importe quel citoyen en désaccord avec le système chinois »[38]. Ce qui explique les nombreuses manifestations

---

38. DE CHANGY Florence, « À Hongkong, la loi de sécurité imposée par la Chine met brutalement fin à une exception démocratique », *Le Monde*, juillet 2020.

des Hongkongais, qui ont toujours mis en avant le fait qu'ils disposaient d'un statut bien particulier au sein de la Chine. L'autonomie relative de Hong Kong est de plus en plus contestée par le pouvoir central chinois.

Le cas d'une rencontre de football est à ce titre un événement révélateur. Le 19 mai 1985, un match de qualification pour la Coupe du monde de football 1986 a opposé les deux équipes. En 1985, Hong Kong n'est pas encore sous contrôle chinois. En effet, depuis le traité de Nankin en 1842, Hong Kong est une colonie britannique. Il faut attendre 1997 pour que le territoire hongkongais soit rétrocédé à la Chine. Néanmoins, dès la fin des années 1970, la Chine a déjà à cœur de récupérer les deux importantes zones commerciales que constitue Hong Kong, détenue par le Royaume-Uni, ainsi que Macao, sous contrôle portugais.

Il faut dire qu'à partir de 1978, la Chine sort du long règne de Mao Zedong et cherche à s'ouvrir au monde avec une série de réformes économiques menées par le nouveau secrétaire général du Parti, Deng Xiaoping. Cette ouverture se limite dans un premier temps à des zones économiques spéciales (ZES). Parmi les premières zones à bénéficier de ces investissements, la ville de Shenzhen, située aux portes de Hong Kong. Elle connaît un développement spectaculaire. Le territoire hongkongais, alors un centre économique important, devient un enjeu stratégique pour la République populaire chinoise. Le Royaume-Uni, quant à lui, voit difficilement comment il pourra préserver ce territoire, dont l'approvisionnement alimentaire dépend en grande partie de la Chine.

Le 19 décembre 1984, un accord est trouvé. La déclaration commune sino-britannique sur la question de Hong Kong est signée. Ce traité prévoit que le Royaume-Uni rétrocédera à la Chine, le 1er juillet 1997, Hong Kong, Kowloon et les Nouveaux Territoires. C'est aussi par ce traité que le principe d'« un pays, deux systèmes » commence à être établi en vue de la rétrocession de 1997. En d'autres termes, le « socialisme » tel que pratiqué en Chine ne sera pas étendu à Hong Kong et le territoire bénéficiera d'un niveau élevé d'autonomie. Pendant ce temps, l'État chinois cherche aussi à asseoir sa puissance internationale dans le domaine sportif. Son grand retour aux Jeux olympiques de 1984, à Los Angeles, lui permet d'ailleurs de finir à la quatrième place des nations, avec 32 médailles obtenues.

Après son retour sur la scène olympique, la Chine veut également faire son entrée sur le terrain footballistique en participant à la Coupe du monde. Cela se joué à un cheveu pour l'édition 1982, après un ultime match d'appui perdu 2-1 contre la Nouvelle-Zélande. Finaliste de la Coupe d'Asie des nations 1984, la Chine se présente en grande favorite pour se qualifier pour le Mondial 1986 au Mexique. Son groupe de qualification semble abordable, bien que soient présentes les colonies contestées de Hong Kong et de Macao. La Chine gagne les premiers matchs de son groupe sans difficulté, en battant Brunei et Macao, avec 22 buts inscrits pour 0 concédé.

Toutefois, pour se qualifier, la Chine doit disputer un dernier match contre Hong Kong le 19 mai 1985. Les deux équipes se sont déjà rencontrées lors des matchs aller et ne sont pas parvenues à se départager au Government Stadium de Hong Kong. Avant l'ultime match, les deux sélections comptent alors le même nombre de points. Il suffit d'un nul pour que le géant chinois se qualifie. La Chine part favorite dans ce match couperet puisqu'elle a déjà battu par 2-0 son adversaire lors d'un match des éliminatoires de la Coupe d'Asie six mois plus tôt, et également à plusieurs reprises lors des phases de qualification pour la Coupe du monde 1982. L'Empire chinois a donc son destin entre ses mains. Dans le même temps, le traité sino-britannique commence déjà à exacerber les tensions entre les deux territoires.

16. Quand l'équipe de football de Hong Kong renverse la Chine

Le 5 mai 1985, soit une quinzaine de jours avant le match, les équipes de Hong Kong Seiko et celle de la province chinoise du Liaoning en viennent aux mains. De quoi électriser encore un peu plus l'atmosphère. L'équipe de Hong Kong se présente dans le stade des Ouvriers, à Pékin, devant plus de 80 000 supporters acquis à la cause chinoise. Pourtant, c'est bien le hongkongais Cheung Chi Tak qui inscrit le premier but, grâce à un splendide coup franc des trente mètres. La Chine ne tarde pas à réagir, car 11 minutes plus tard, c'est Li Hui qui égalise. Alors qu'un nul qualifierait les chinois, le hongkongais Ku Kam Fai éteint leurs espoirs à l'heure de jeu. L'équipe chinoise ne parvient pas à recoller au score. Sur le terrain, l'équipe de Hong Kong est officiellement qualifiée pour le prochain tour. Dans le stade, la foule s'embrase, humiliée d'avoir été battue par la petite colonie britannique.

C'est ainsi que débutent les émeutes du 15 mai 1985, la première scène de contestation provoquée par le football chinois. Jets de débris dans le stade, des centaines de voitures brûlées, le bus de l'équipe nationale chinoise renversé. Il faut l'intervention de la police chinoise pour stopper ce soulèvement, l'un des pires incidents de troubles publics que la Chine ait connus depuis 1949. Les tensions sont telles que l'équipe chinoise est confinée trois jours durant après le match. Selon les sources officielles, plus de 120 personnes sont arrêtées. Quant au président de la Fédération chinoise de football, Li Fenglou, et à l'entraîneur de l'équipe nationale, Zeng Xuelin, ils sont contraints de démissionner. Ces émeutes font le tour du monde. Le journal *South China Morning Post* titre : « La victoire de Hong Kong déclenche des émeutes. »[39]

---

39. WOOD Chris, « When Hong Kong beat China in a World Cup qualifier 32 years ago, and riots that followed », *South China Morning Post*, mai 2017.

Les Hongkongais victorieux sont de leur côté accueillis en héros. Certains brandissent le drapeau de Hong Kong de l'époque, tandis que d'autres affichent une bannière avec la mention, légèrement exagérée, « Champions d'Asie ».

Toutefois, au tour suivant, les valeureux Hongkongais tombent face au Japon, par 5 à 1 sur l'ensemble des deux matchs, ce qui met fin à leurs espoirs de disputer un Mondial de football. Cette épopée reste encore aujourd'hui la meilleure performance de l'équipe de football de Hong Kong en qualification de Coupe du monde.

Du côté chinois, c'est la douche froide. Il faut attendre le Mondial 2002 au Japon et en Corée du Sud pour voir l'équipe chinoise participer à la première Coupe du monde de son histoire. Mais la Chine tarde à devenir une nation qui compte dans le sport le plus populaire au monde. Même si depuis plusieurs années, Xi Jinping, le président de la République populaire de Chine, met les moyens pour que l'équipe et les joueurs chinois deviennent des acteurs majeurs de la planète football, avec l'objectif ambitieux de gagner une Coupe du monde d'ici 2050.

Après les événements de 1985, Hong Kong et la Chine se retrouvent sur le terrain footballistique, notamment lors des qualifications de la Coupe du monde 2018. Les deux confrontations aboutissent à deux matchs nuls et aucune des deux équipes ne parvient à se qualifier. À Hong Kong, on célèbre toujours le match historique du 19 mai et, à sa date anniversaire en 2015, un match commémoratif a même lieu pour fêter le trentième anniversaire de la victoire historique de 1985.

Aujourd'hui, la bataille se joue sur un tout autre terrain, puisque la Chine veut remettre Hong Kong pleinement sous son autorité, quitte à utiliser la manière forte en imposant une loi sur la sécurité nationale qui restreint considérablement l'exception hongkongaise.

16. Quand l'équipe de football de Hong Kong renverse la Chine

La question a même glissé sur le terrain international, puisque l'Union européenne et les États-Unis condamnent cette « offensive » chinoise, perçue par ses détracteurs comme une atteinte aux libertés individuelles et à l'autonomie du territoire. L'étau se resserre cependant, puisqu'au début de l'année 2021, Pékin a renforcé son emprise sur Hong Kong, avec une réforme du système électoral restreignant encore un peu plus la voix des opposants. Une mainmise qui se confirme en cette année 2024 puisqu'une nouvelle loi sur la sécurité nationale de Hong Kong a été votée, condamnant fermement la trahison, l'insurrection ou l'espionnage, et actant la fin d'une grande partie des garanties juridiques dont bénéficiait Hong Kong, afin de s'aligner sur la législation de Chine continentale.

17.
Argentine-Angleterre : Quand Maradona venge la guerre des Malouines

Les îles Malouines (ou Falkland) sont revendiquées depuis plusieurs siècles par l'Argentine et le Royaume-Uni. Cet enjeu territorial est au cœur d'un match de légende de la Coupe du monde 1986. Avec comme principal protagoniste la star du ballon rond, récemment décédé, Diego Armando Maradona.

« C'était comme si nous avions battu un pays, et pas seulement une équipe de football. Bien qu'on ait dit avant ce match que le football n'avait rien à voir avec la guerre des Malouines, nous savions [que les Anglais] avaient abattu beaucoup de jeunes Argentins comme des petits oiseaux. Ce match était donc une vengeance. »[40] C'est par ces mots, tiré de son autobiographie, *Yo Soy El Diego*[41], que le footballeur légendaire Diego Armando Maradona décrit les coulisses de la victoire de l'Argentine contre l'Angleterre le 22 juin

---

40. GHEMMOUR Chérif, *Terrain Miné, quand la politique s'immisce dans le football, op. cit.*, p. 172.
41. MARADONA Diego Armando, *Yo Soy El Diego*, Planeta, 2001.

1986. Cette rencontre de football fut en effet bien plus qu'un simple match, compte tenu du contexte diplomatique tendu entre les deux pays. Au centre de ce conflit, les Malouines.

Il s'agit d'un petit archipel d'environ 3 500 habitants, qui se situe au large de la Patagonie et des côtes argentines. Pourtant, ce territoire de 12 000 km², soit la taille du Qatar, est pour l'instant britannique. Au cours de l'histoire, beaucoup de pays ont bataillé pour conquérir ces îles, que cela soit la France, l'Espagne ou le Royaume-Uni. En 1816, l'Argentine devient indépendante et reprend à son compte les revendications espagnoles sur les îles. Compte tenu de sa position stratégique, le Royaume-Uni fait tout pour reconquérir les Malouines en 1833 et y implanter progressivement des colons. Depuis, l'Argentine revendique toujours la souveraineté sue ce territoire qu'elle nomme les *Malvinas*, tandis que le Royaume-Uni les appelle les îles Falkland.

Cette situation instaure un climat de tension entre l'Argentine et le Royaume-Uni. Bien que les deux pays commencent des négociations en 1965, après l'application de la Déclaration des Nations unies sur l'octroi de l'indépendance aux pays et peuples coloniaux, la situation reste bloquée. Elle prend une tournure différente les années suivantes, à l'époque où l'Argentine est sous la dictature militaire. Tous les moyens sont alors bons pour masquer les graves problèmes économiques et politiques du pays. Le pouvoir peine à unifier le pays, qui subit depuis plus de 30 ans des troubles politiques et sociaux très violents; ce qui entraîne la mise en place d'une dictature militaire par le général Videla en 1976. Ce nouveau régime politique autoritaire ne permet pas à l'Argentine de se relever, bien que l'instrumentalisation politique de la Coupe du monde 1978 de football sur ses terres ait cherché à donner une meilleure image du pays à l'international.

En quête de légitimité aux yeux de la population (l'inflation annuelle est alors de 140 %) et guidée par des velléités expansionnistes, la junte militaire, dirigée maintenant par le général Galtieri, lance le projet séducteur de « l'Argentine bicontinentale », dont l'objectif est de permettre au pays de s'étendre jusqu'en Antarctique et de devenir une puissance régionale incontestable. De quoi renforcer le sentiment national. Les Malouines sont le point de départ tout trouvé à ce projet de conquêtes, car elles constituent une porte d'entrée sur l'Antarctique et sont déjà très symboliques dans l'imaginaire argentin.

C'est ainsi que le 2 avril 1982, l'opération Rosario débute : des soldats argentins lancent l'offensive sur l'archipel britannique. Le pari est risqué, mais le pouvoir politique argentin mise sur le fait que l'alliance entre l'Argentine et les États-Unis protégera le pays d'une éventuelle déroute. Les conservateurs au pouvoir à Londres, menés par leur Première ministre Margaret Thatcher, sont pris de court par cette attaque militaire qui contredit leurs renseignements. Le gouvernement est d'abord accusé de négligence. La « Dame de fer » contre-attaque et va construire sa légende en réagissant en moins d'une semaine avec une riposte militaire. Après seulement deux mois d'affrontements, le 14 juin, après 649 morts argentins et 255 britanniques, les forces armées argentines sont contraintes de signer la paix. En Argentine, cette ultime défaite précipite la fin de la dictature militaire ; la première élection présidentielle démocratique, en 1983, porte Raúl Alfonsín au pouvoir. Côté britannique, Thatcher sort renforcée par cette victoire, qu'elle prolonge dans les urnes avec un succès électoral.

Trois ans plus tard, en 1986, ce sont deux démocraties, toujours fâchées sur le terrain diplomatique, qui se présentent en sérieuses prétendantes à la victoire pour la Coupe du monde de football au

17. Argentine-Angleterre : Quand Maradona venge la guerre des Malouines

Mexique. Diego Armando Maradona, 26 ans, est au sommet de son art et porte par ailleurs une solide *Albiceleste,* l'équipe nationale argentine, tandis que son homologue anglaise compte des joueurs de renom en grande forme, comme Gary Lineker ou Bryan Robson. Après des phases de poule relativement tranquilles, les deux équipes impressionnent par leur maîtrise en huitièmes de finale, respectivement face à l'Uruguay (1-0) et au Paraguay (3-0). Le 22 juin, dans le stade de Mexico, a lieu la première confrontation entre les deux nations depuis l'affrontement des Malouines.

La confrontation rappelle d'autres douloureux souvenirs aux Argentins. Lors de la Coupe du monde de 1966, qui se déroulait sur le sol britannique, le quart de finale entre l'Angleterre et l'Argentine s'est transformé en véritable bataille rangée. L'expulsion du capitaine argentin Antonio Rattin mit le feu aux poudres. Le joueur contesta la décision et mit une dizaine de minutes à sortir du terrain, en prenant soin au passage d'arracher le drapeau britannique du poteau de corner. C'est d'ailleurs de cette situation confuse que naquit le carton rouge, qui expulse directement un joueur du match. Le match n'eut alors plus rien de sportif. Après la victoire par 1 à 0 de l'Angleterre, sur fond de complaisance arbitrale, le sélectionneur *british,* Alf Ramsey, empêcha ses joueurs d'échanger leur maillot.

Ce contexte historique houleux est pimenté par les déclarations sulfureuses des joueurs argentins avant le match de 1986. Nery Pumpido, le portier de l'Argentine, prévient : « Battre les Anglais sera une double satisfaction pour ce qui s'est passé aux Malouines. »[42] Le *Sun* annonce « le débarquement de 5 000 hommes »[43] en référence aux supporters anglais qui ont fait le déplacement.

---

42. CARLIN John, « England vs Argentina – A history », *The Guardian,* mai 2002.
43. *Ibid.*

Il est midi à Mexico, la chaleur est étouffante, des drapeaux anglais finissent de brûler dans les tribunes qui abritent 115 000 personnes. Un match de légende peut commencer. La confrontation est guerrière, rugueuse. Les consignes sont claires du côté britannique : ne laisser aucun espace au prodige Maradona, et le dissuader de garder le ballon. Le numéro 10 argentin n'est pas épargné, et la première période, plaisante malgré tout, se termine sur un score nul et vierge. Mais, dès le retour des vestiaires, à la 51e minute, intervient un premier coup de canon.

Sur un ballon très mal dégagé et une sortie peu assurée du gardien anglais Peter Shilton, Maradona se jette en avant, saute et touche le ballon de la main gauche pour marquer. L'arbitre, monsieur Bennaceur, guidé par son assistant et pourtant impeccable d'un bout à l'autre de cette houleuse rencontre, commet une erreur manifeste : le but est validé, la *Mano de Dios* (« main de Dieu ») est née. Trois minutes plus tard, nouveau but magistral du *Pibe de Oro*, dans les règles celui-ci. 10 secondes, 50 mètres, 6 joueurs éliminés : Maradona marque le *Gol del Siglo* (« but du siècle »), au grand bonheur d'un commentateur argentin au bord de l'orgasme, qui le qualifie en direct de « cerf-volant cosmique ». L'anglais Gary Lineker dira même qu'il a alors eu envie d'applaudir à un but adverse pour la seule fois de sa carrière.

C'est lui qui réduit la marque de la tête à la 81e minute, mais le sort du match est scellé : l'Argentine, grâce à un Maradona diaboliquement génial, élimine l'Angleterre. L'Argentin dira plus tard : « Nous avions dit qu'il ne fallait pas mélanger football et politique, mais c'était un mensonge. J'ai fait main basse sur le ballon pour me venger des Anglais qui avaient fait main basse sur les Malouines. »

La star argentine, double buteur face aux Belges en demi-finale, porte les siens jusqu'au titre, acquis face à l'Allemagne 3 à 2. Il est le meilleur joueur du tournoi (5 buts, 5 passes).

17. Argentine-Angleterre : Quand Maradona venge la guerre des Malouines

Depuis, plusieurs matchs ont rappelé la rivalité des deux pays. En 1991, à Wembley, Maradona sort sur la pelouse en tenant ostensiblement le ballon de la main gauche. En 2002, à l'occasion d'une confrontation lors de la Coupe du monde, l'hymne argentin est copieusement sifflé par les supporters anglais. Surtout, lors du Mondial 1998, en France, les joueurs des deux équipes en viennent presque aux mains. L'anglais David Beckham perd ses nerfs face au bouillant Diego Simeone, avant que, finalement, les argentins ne gagnent à l'issue d'une houleuse séance de tirs au but.

Si la dernière rencontre les opposant remonte à 2005, le conflit géopolitique reste présent. La commémoration appuyée du trentenaire en 2012 en Argentine, la rhétorique antibritannique de Cristina Kirchner (présidente de l'Argentine de 2007 à 2015) réactivent les tensions. Pourquoi tant de virulence de la part des deux pays pour un si petit archipel ? Le contrôle des zones de pêche rentre en ligne de compte, mais c'est surtout la découverte, en 2010, d'un champ de de pétrole de 350 millions de barils dans des fonds relativement peu profonds, qui ravive les tensions autour de l'archipel. Au-delà de l'aspect financier, les Malouines forment un point d'ancrage intéressant pour le Royaume-Uni à l'heure de l'émergence entamée du continent sud-américain ; en outre, l'archipel est devenu par ce conflit un symbole de la résistance britannique à l'étranger, loin de ses bases. Les habitants sont en tout cas attachés à la Couronne britannique puisqu'ils ont voté par référendum en mars 2013 pour que le territoire reste britannique, avec près de 99,8 % des voix.

Quoi qu'il en soit, la rivalité anglo-argentine, sur et en-dehors du terrain n'en a pas fini. Bien que les deux gouvernements soient parvenus, en 2016, à un accord pour y relancer la croissance, le Brexit plonge ce territoire d'outre-mer britannique dans l'incertitude. Ce qui relance la question de la souveraineté sur ces îles. L'arrivée au pouvoir en Argentine du populiste et fantasque Javier Milei ne permettra pas de relancer un débat diplomatique apaisé sur le sujet, puisqu'il a affirmé tout au long de sa campagne que « la souveraineté de l'Argentine sur les îles Malouines n'est pas négociable ».

18.

Qatar-Arabie Saoudite : le nouveau duel du football ?

Le petit émirat du Moyen-Orient a réussi en quelques décennies à devenir un acteur majeur du sport mondial et à occuper la place centrale du football. Au point d'acquérir le club du Paris-Saint-Germain, d'être présent dans l'univers des médias sportifs à travers le réseau BeIn Media Group et d'obtenir l'organisation de l'un des plus grands évènements sportifs, la Coupe du monde 2022. Avec l'objectif, grâce au sport, de faire grandir le Qatar, de le placer sur une carte et d'être identifié comme un acteur clé international. Des succès qui ont fini par irrité son grand rival régional, l'Arabie Saoudite, qui cherche depuis quelques années à imiter la stratégie qatarie pour bénéficier des effets « positifs » de ce soft power *sportif.*

En 2022, le Qatar et ses 11 000 km² a accueilli l'un des plus grands événements sportifs internationaux, la Coupe du monde de football. Un exploit, quand on sait que les précédentes éditions ont été accueillies par des pays bien plus grands en termes de taille : la Russie en 2018, le Brésil en 2014, ou encore l'Afrique du Sud en

2010. Car, oui, le Qatar est tout petit à l'échelle de la planète, d'une taille comparable à la région de l'Île-de-France. Cette nation du Moyen-Orient compte par ailleurs à peine 2,5 millions d'habitants, dont seulement 10 % sont des ressortissants nationaux. Cette fragile configuration démographique est doublée par la présence de son grand voisin et rival : l'Arabie Saoudite et ses 2 000 000 km², soit le 13e pays le plus grand au monde. Pourtant, c'est bien le petit territoire qatari qui a été le premier pays arabe à accueillir un Mondial de football. Un coup de force pour le pays du Golfe, déjà propriétaire du club du Paris-Saint-Germain et très présent dans le milieu sportif, notamment grâce à son groupe de médias BeIn Sports et ses différents sponsors. En étant autant présent dans le domaine sportif, le Qatar vise l'objectif d'exister aux yeux du monde.

En effet, ce pays a acquis son indépendance il y a moins de 50 ans, en 1971. Très vite il a dû trouver les moyens de s'extirper de l'influence, voire de l'ingérence, de ses voisins, en particulier de la puissance saoudienne. C'est à partir de 1995, sous la houlette de l'émir Hamad ben Khalifa Al Thani, que le Qatar se détache de sa tutelle pour pleinement exister sur la scène internationale. Bien aidé, il est vrai, par les revenus tirés de l'exploitation de son sous-sol riche en gaz pour appuyer sa stratégie d'influence. Le Qatar entreprend alors de gagner en puissance dans la région. En témoigne, en 1996, le lancement la chaîne d'information Al Jazeera par le gouvernement qatari, dans le but de rompre le monopole saoudien dans les médias arabes. Cette stratégie d'influence est mieux connue sous le nom de *soft power*, en opposition au hard power, qui témoigne de moyens plus coercitifs.

Afin de consolider ce pouvoir, à la fois séduire la communauté internationale et préserver son intégrité territoriale face à ses puissants voisins, le Qatar mise très vite sur le sport et ses valeurs universelles. Comme le rappelle Cheikh Ahmed Ben Abdallah Al-Sulaîti, P-DG de Qatar National Broadband Network, dans le journal L'Équipe, « l'Arabie Saoudite est le pays du pétrole, Bahreïn la plaque tournante de la finance, Dubaï celle du commerce. Pour exister sur la scène internationale, le Qatar avait le choix de l'industrie et du sport. Or le sport est le vecteur idéal »[44]. Problème : l'émirat est loin d'être une nation sportive dans les années 1990, malgré son affiliation à la FIFA depuis 1970. Qu'importe, le pays du Golfe investit en masse pour devenir une place centrale du sport mondial. La première pierre à l'édifice de ce futur empire est l'organisation d'un tournoi de tennis international, dans la capitale, Doha, en 1993. Il est très vite suivi par des participations dans des compétitions hippiques, de voile, de sports mécaniques ou encore de golf, et l'organisation d'une première grande compétition réunissant de nombreuses délégations nationales, les Jeux asiatiques de 2006.

Cette diplomatie par le sport ambitieuse s'est peu à peu s'attaquée à des sports plus grand public. Le premier d'entre eux est le football. Le Qatar entre d'ailleurs par la grande porte dans le monde du ballon rond, puisque le 2 décembre 2010, c'est la consécration : l'organisation de la Coupe du monde 2022 lui est attribuée. Une surprise tant l'émirat est loin d'être un pays de tradition footballistique, d'autant plus qu'il devait faire face à la candidature des Etats-Unis. Mais, depuis le début des années 2000, il œuvre en coulisses au sein des organisations dirigeantes du sport pour gagner en influence. La surprise est telle que le vote de cette attribution fait l'objet de nombreux soupçons de corruption au sein de la FIFA,

---

44. GUÉGAN Jean-Baptiste, *Géopolitique du sport, une autre explication du monde*, Bréal, 2017, p. 165.

18. Qatar-Arabie Saoudite : le nouveau duel du football ?

comme a pu le révéler le livre *L'Homme qui acheta une Coupe du monde. Le complot qatari*[45], des journalistes Heidi Black et Jonathan Calvert. Les soupçons sont confirmés à travers une enquête du FBI et le rapport Garcia sur l'attribution controversée des Coupes du monde 2018 et 2022, respectivement à la Russie et au Qatar. L'institution de la FIFA est ébranlée par ses affaires, qui conduisent notamment à la démission de son président, Sepp Blatter, ainsi qu'à l'arrestation de plusieurs hauts dirigeants de l'organisation en 2015. Toutefois, le Mondial 2022 restera attribué au Qatar, malgré les nombreuses critiques, les polémiques autour du coût économique et humain de cette Coupe du monde et aussi appels au boycott, venus pour la plupart de pays occidentaux.

Sur le terrain géopolitique, cette consécration qatarie tend terriblement les relations dans le Moyen-Orient. Surtout avec l'Arabie Saoudite, qui voit ainsi son « petit » voisin et ancien pré-carré gagner en prestige mondial. Les relations entre ces deux États se détériorent depuis le début des années 2010, avec l'émergence des Printemps arabes, ces deux pays soutenant des camps différents. L'escalade diplomatique aboutit à un blocus du Qatar par l'Arabie Saoudite et ses alliés en 2017, Riyad accusant son rival de soutien à des organisations terroristes et de liens étroits avec l'autre grande puissance de la région, l'Iran. Malgré l'important dispositif et les menaces d'attaques militaires, le Qatar réussit à maintenir son économie à flot et à mobiliser la communauté internationale autour de son cas. Son influence politico-sportive n'y est d'ailleurs pas pour rien. Pire, le blocus fragilise l'équilibre économique, déjà précaire, de la région. Depuis, les relations

---

45. Blake Heidi et Calvert Jonathan, *The Ugly Game: The Qatari Plot to Buy the World Cup,* Simon&Chuster, 2016.

tendent à se réchauffer bien que la place toujours plus grande du Qatar dans les instances sportives mondiales irrite son grand voisin. La situation s'apaise au début de l'année 2021, puisque l'Arabie Saoudite a levé le blocus.

La *success-story* du Qatar, grâce à sa diplomatie du sport, donne des idées à la pétromonarchie saoudienne. En effet, l'Arabie Saoudite cherche, depuis le début des années 2010, à se moderniser et à diversifier son économie, ultra dépendante des énergies fossiles (31 % de son PIB et 79 % de ses recettes d'exportation en 2018). Problème : entre l'affaire du journaliste saoudien critique Jamal Khashoggi, assassiné au sein du consulat saoudien d'Istanbul en 2017, et l'intervention militaire controversée au Yémen depuis 2015, sans compter les accusations d'atteintes aux droits de l'homme, l'image de l'Arabie Saoudite s'est considérablement détériorée au fil des années. Quant aux droits des femmes, bien que les Saoudiennes aient désormais le droit de conduire et disposent d'un championnat national, ils sont quasi inexistants puisqu'elles restent juridiquement sous la tutelle de leur « gardien », père, mari ou fils.

Face à un tel constat, quel meilleur moyen que le sport pour moderniser l'image de la monarchie et attirer les investisseurs étrangers pour diversifier son économie. Tout en renforçant sa domination régionale dans le golfe Persique, en ne laissant pas le Qatar prendre trop la main. C'est donc par le sport que l'Arabie Saoudite a choisi de redorer son blason. Ce *soft power* sportif s'inscrit dans une stratégie plus globale, baptisée Vision 2030. Lancée en 2016, ce plan est le fruit du prince héritier Mohammed ben Salmane, ministre de la Défense à l'époque, qui désormais tient les manettes du pays. Vision 2030 veut moderniser le régime saoudien en multipliant les partenariats internationaux, en renforçant les services à la population, en modernisant les institutions et en investissant dans des secteurs clés comme le développement durable, les nouvelles technologies et le tourisme.

Le Qatar a toutefois une très grande longueur d'avance. Au début des années 2000, déjà, le logo Qatar Foundation apparaît sur le maillot de l'un des clubs les plus populaires au monde, le FC Barcelone. Surtout, le 31 mai 2011, le fonds d'investissement étatique qatari Qatar Sport Investment (QSI) rachète pour 70 millions d'euros le club du Paris-Saint-Germain. Un choix stratégique pour, à la fois, redonner des couleurs à un club historique de la scène nationale et européenne, mais aussi pour associer le Qatar à la ville la plus visitée du globe, Paris, et ainsi gagner en visibilité. En dix ans, grâce aux investissements qataris, le PSG est devenu l'une des plus grandes marques de football, avec près de 75 millions de supporters à travers le monde. Le Qatar a pu aussi s'appuyer sur la notoriété des stars internationales comme David Beckham, Neymar, Leo Messi ou encore Kylian Mbappé, recrutés à prix d'or. Le pays du Golfe peut aussi s'appuyer sur son réseau de chaînes sportives *BeIn Media Group*, créé en 2011, qui, présent dans plus de 40 pays sur cinq continents, est considéré comme le plus grand acheteur de droits sportifs dans le monde.

Longtemps resté dans l'ombre des autres États pétroliers de la région, et de leur politique sportive ambitieuse, le régime saoudien a changé de braquet en 2019 afin d'attirer les organisateurs et les fans d'événements sportifs du monde entier. Depuis le match de boxe « *Clash of Dunes* » à 100 millions de dollars, entre les stars Anthony Joshua et Andy Ruiz, en 2019, l'État saoudien accueille de plus en plus de prestigieux évènements sportifs sur ses terres. Comme le Grand prix de Formule 1, pour disposer comme de ses voisins du Bahreïn et des Émirats arabes unis d'une course automobile de renom.

L'Arabie Saoudite a également réussi à décrocher, en 2020, le rallye Dakar et l'organisation d'un tour cycliste sur ses terres. Ces compétitions lui donnent la possibilité à la fois d'attirer des annonceurs étrangers, mais aussi de mettre en valeur les paysages du pays, et ainsi de faire connaître le territoire saoudien à un public mondial. Comme l'explique Carole Gomez, directrice de recherche en géopolitique du sport à l'Institut IRIS, « l'idée est de vanter les beautés des paysages, les infrastructures qui peuvent vous accueillir si vous venez en voyage, et de faire une carte postale de l'Arabie Saoudite »[46]. Rappelons que depuis l'ouverture de ses frontières aux touristes étrangers, en septembre 2019, l'État saoudien a délivré 400 000 visas. Le pays compte désormais faire bien plus. En football, l'Arabie Saoudite n'a pas de Coupe du monde comme son voisin qatari, mais elle commence à devenir une destination de choix pour d'autres compétitions, comme les Supercoupes d'Italie et d'Espagne, qui opposent des équipes européennes reconnues.

Toujours dans cette optique d'étendre son influence et de concurrencer ses voisins « médiatiques », l'État saoudien cherche à investir dans un club européen. Des premières rumeurs laissèrent à penser que l'Arabie Saoudite voulait racheter Manchester United, ce qui aurait été une façon de rentrer dans le monde du football par la grande porte, puisque le club anglais est le troisième club le plus riche du monde, avec plus de 130 millions de fans à travers le monde, et dispose d'un chiffre d'affaires de plus de 700 millions d'euros pour l'année 2018/2019. Un choix peu anodin, quand on sait que l'autre club de la métropole anglaise, Manchester City, appartient au cheikh Mansour, membre de la famille royale d'Abu Dhabi.

---

46. GOMEZ Carole, « Le sport, un levier d'influence pour l'Arabie Saoudite », interview RFI, janvier 2020.

18. Qatar-Arabie Saoudite : le nouveau duel du football ?

Le morceau est trop gros pour l'État saoudien, qui jette son dévolu en 2019 sur un autre club anglais, plus abordable : Newcastle United. Un rachat pour plus de 300 millions d'euros qui n'interviendra qu'une fois que l'Arabie saoudite a levé son blocus vis-à-vis du Qatar. En effet, avant la fin du blocus, ce rachat était bloqué car BeIN Sport, principal détenteur des droits TV à l'international de la Premier League, prétextait que l'investissement saoudien allait à l'encontre des intérêts anglais car l'Arabie saoudite piratait les chaînes du groupe qatari. La reprise des relations diplomatiques a permis la fin du piratage et donc de débloquer la situation pour que l'Arabie saoudite ait elle aussi son équipe de football. Un achat rendu possible par le fonds d'investissement souverain d'Arabie saoudite, le PIF (Public Investment Fund) Ce fonds, qui pèse plus de 600 milliards de dollars, appuie les investissement saoudiens pour son plan Vision 2030, et donc ceux dans le sport.

Du côté du Qatar, l'objectif demeure de s'imposer comme le pays central du sport au XXIe siècle. Le Comité olympique du Qatar s'est fixé comme but ambitieux d'organiser 50 compétitions internationales en 2030. Cela en prend déjà le chemin avec la mise en place des championnats du monde de handball en 2015, de cyclisme en 2016, d'athlétisme en 2019 ou de natation en 2023... Et pourquoi pas, plus tard, les Jeux olympiques ? Ce rayonnement ne sert pas qu'à faire briller l'émirat, mais aussi à diversifier une économie dépendante de l'exploitation des énergies fossiles. Comme pour son voisin saoudien.

En tout cas, la Coupe du monde 2022 a permis d'illustrer la relative détente des relations diplomatiques entre les deux pays : un événement où l'émir du Qatar, Tamim Al Thani, et le prince héritier saoudien, Mohammed Ben Salmane, se sont affiché ensemble pour illustrer un regain d'unité pour favoriser les investissements dans le

Golfe persique et pour en faire un hub du sport mondial. L'Arabie saoudite, tirant parti de cet élan, continue de déployer une stratégie d'investissement massif dans le sport, ciblant particulièrement le football avec la transformation de son championnat local, la Saudi Pro League grâce à l'arrivée de stars mondiales telles que Cristiano Ronaldo, Neymar, Karim Benzema et Sadio Mané. Cette stratégie ambitieuse vise à hisser le niveau du championnat national en dotant les quatre plus grandes équipes du royaume de joueurs de calibre international, tout en assurant une distribution équilibrée des talents à travers la ligue. Par ailleurs, la privatisation et la transformation en sociétés de clubs emblématiques (Al Ittihad, Al Ahli, Al Nassr et Al Hilal), sous l'égide du fonds d'investissement souverain (PIF) et de fondations à but non lucratif, traduisent la volonté de l'Arabie saoudite que ses investissements n'auront aucune limite pour faire de la Saudi Pro League un concurrent des plus grands championnats de football et une vitrine du pays.

Au-delà du football, l'Arabie saoudite élargit son empreinte dans le sport mondial, devenant un sponsor majeur de la Formule 1 via Aramco et en parvenant à fusionner le circuit mondial de Golf avec la mise en place des LIV Golf Series. Ces initiatives, combinées à des projets d'envergure comme NEOM, une ville futuriste destinée à devenir une vitrine de la modernité et de l'innovation saoudiennes et qui accueillera les Jeux asiatiques d'hiver 2029, et l'attribution par la FIFA de la Coupe du monde 2034, confirment l'ambition du royaume de devenir un acteur incontournable sur la scène sportive mondiale.

Cette dynamique régionale suscite des interrogations quant à l'avenir de la rivalité et de la coopération entre le Qatar et l'Arabie saoudite. Si, pour l'heure, les deux pays semblent privilégier une approche complémentaire, capitalisant sur leurs atouts respectifs

18. Qatar-Arabie Saoudite : le nouveau duel du football ?

pour renforcer leur influence sportive et géopolitique, l'ampleur de leurs ambitions pourrait-elle à nouveau enflammer leurs relations ? Le Moyen-Orient s'affirme comme le prochain grand territoire du sport mondial, mais la question demeure : jusqu'où cette ambition politico-sportive « commune » mènera-t-elle le Qatar et l'Arabie saoudite ? Et quelle forme prendra leur rivalité à l'avenir ?

V. Le football, un terrain d'émancipation pour les peuples

19.
1958-1962 :
LE « ONZE DE L'INDÉPENDANCE » DE L'ALGÉRIE

Alors que la guerre d'Algérie bat son plein en 1958, le Front de libération nationale algérien (FLN) a l'idée de créer une équipe de football pour mobiliser l'opinion française et internationale sur l'indépendance du pays. Cette équipe est bien plus qu'une simple sélection. Par ces prouesses sur le terrain et en dehors, ce « Onze de l'indépendance », avec son style de jeu décomplexé et spectaculaire, va parcourir le monde au nom d'une Algérie libre.

« Par votre action, vous avez fait avancer la révolution de dix ans. »[47] C'est ainsi que s'exprime Ferhat Abbas, premier chef d'État de la République algérienne, lorsqu'il rencontre l'équipe de football du Front de libération nationale algérien (FLN) en 1961. Une équipe composée principalement de joueurs professionnels, qui

---

47. CORREIA Mickaël, *Une histoire populaire du football,* La découverte, 2018, p. 161.

fait le tour du monde pour promouvoir à l'international la question de l'indépendance de l'Algérie.

Après la Seconde Guerre mondiale, le territoire algérien est toujours sous contrôle français, et cela depuis 1830. La colonie algérienne est toutefois déclarée par la Constitution de 1848 partie intégrante de la France et divisée en trois départements (Alger, Oran et Constantine). Au fil des années, le mouvement pour l'indépendance de l'Algérie grandit et aboutir notamment à la création du parti de l'Union populaire algérienne en 1938, du Manifeste du peuple algérien en 1943. La situation atteint un point de non-retour le 8 mai 1945, avec le massacre de Sétif, au cours duquel les forces armées françaises répriment dans le sang des manifestations nationalistes. À partir de cette date, le mouvement indépendantiste prend une ampleur considérable.

Deux événements accélèrent le processus. Tout d'abord, la révolution arabe de 1952 en Égypte, qui met fin à l'occupation britannique. Ensuite, la défaite de l'armée française à Diên Biên Phu en 1954, qui entraîne la fin de la guerre d'Indochine et symbolise le déclin de l'ancien empire colonial français. À la suite de ces événements, la France s'engage dans un processus de décolonisation, qui aboutit notamment à l'indépendance du Maroc et de la Tunisie en 1956. Ce n'est pas le cas de l'Algérie, car la France considère alors ce territoire comme partie intégrante de la métropole – son sous-sol, riche en ressources fossiles, surtout en gaz, est un atout stratégique non négligeable.

Le 1er novembre 1954, les forces armées du FLN lancent près de 70 attaques sur des points stratégiques français. Cet événement, nommé la Toussaint rouge, constitue le point de départ de la guerre d'indépendance d'Algérie. Le conflit s'intensifie à partir de 1956, puisque près de 450 000 soldats français sont mobilisés dans cette guerre face aux 25 000 combattants algériens, les *fellagas*. Toutefois, ce conflit est peu médiatisé. L'ONU tarde à reconnaître le droit à l'autodétermination de l'Algérie. La France, quant à elle, décrit la situation comme un problème de police intérieure. Pour mettre en scène le fait que le conflit est quasi inexistant, des matchs de Coupe de France sont organisés en terre algérienne. Pourtant, c'est bien grâce au ballon rond que les dirigeants du FLN vont essayer de trouver des moyens d'exposer leur lutte pour l'indépendance de l'Algérie.

L'idée émerge à partir de 1956 : s'appuyer sur l'important contingent de joueurs professionnels algériens en métropole (près d'une trentaine) pour constituer une équipe de football. Certains d'entre eux soutiennent déjà la cause en payant une taxe révolutionnaire, qui peut représenter jusqu'à 15 % de leur salaire. L'objectif de cette sélection est de faire de l'équipe du FLN le porte-étendard de l'indépendance algérienne et un ambassadeur du futur pays pour construire les relations internationales à venir.

Mohamed Boumezrag, ancien joueur professionnel et directeur de la sous-division régionale algérienne de la Fédération française de football (FFF), prépare le terrain en 1957 en rencontrant plusieurs des footballeurs susceptibles de rejoindre un tel projet. Le 13 avril 1958, 9 footballeurs algériens désertent leurs clubs de première division. Parmi eux, Mustapha Zitouni, pièce maîtresse de l'équipe de France, mais aussi des joueurs comme Abdelaziz Ben Tifour, Mohamed Maouche ou le jeune espoir Rachid Mekhloufi, régulièrement appelés chez les Bleus. L'onde de choc est telle que le lendemain, le journal *L'Équipe* titre : « Neuf footballeurs algériens ont disparu. »[48] Un coup dur pour les clubs, et surtout pour l'équipe

---

48. *Ibid.*, p. 156.

de France de football qui doit un mois plus tard commencer sa préparation pour la Coupe du monde 1958. Un symbole fort aussi, puisque jusqu'à présent peu de personnalités publiques se sont engagées sur la question algérienne. Comme l'explique Rachid Mekhloufi, « [peu] de Français connaissaient ce qui se passait en Algérie. Le peuple français a pris conscience lors de notre départ qu'il y avait une guerre d'Algérie, une guerre de libération »[49].

L'ensemble des joueurs se retrouve en Tunisie le 9 mai 1958. Un mois à peine après leur fuite, l'équipe du Front de libération nationale joue son premier match contre le Maroc, au stade Chedly-Zouiten de Tunis. Pour la première fois, les couleurs de l'Algérie indépendante sont brandies dans un stade, l'hymne algérien est entonné à pleins poumons. Ce premier match est aussi la première victoire de cette équipe, bientôt surnommée le « Onze de l'indépendance ». Deux jours plus tard, *bis repetita*, c'est la victoire contre la Tunisie. La réaction française ne se fait pas attendre puisque la FIFA décide, sous la pression de la FFF, de suspendre les joueurs transfuges et de sanctionner toute fédération ou équipe qui accepterait de les rencontrer officiellement. Ce qui engendre, au final, beaucoup plus d'attention autour cette sélection nomade interdite, qui va compter jusqu'à 32 joueurs. Comme l'explique Mustapha Zitouni, « [notre] départ démontrait que toute la population algérienne était avec le FLN, pas seulement des bandits et des mercenaires. On était bien en France, on avait des situations, la population nous aimait. On n'était pas contre la France mais contre le colonialisme, contre les gens qui sont en Algérie et ont accaparé les biens »[50].

---

49. *Ibid.*, p. 157.
50. *Ibid.*, p. 158.

Malgré les sanctions, la sélection algérienne affronte, durant ses quatre années d'existence, plusieurs clubs et des sélections nationales, souvent présentées sous un nom différent. L'équipe algérienne entame sa première tournée internationale de mai à juillet 1959 en Europe de l'Est, puisque l'URSS et le bloc soviétique voient d'un bon œil tout mouvement indépendant qui peut affaiblir les pays du bloc de l'Ouest. Pour le FLN, ces matchs internationaux, entre son équipe et celle de « pays frères », doivent préfigurer le contour des futures relations diplomatiques de l'Algérie indépendante. Même si, sur le papier, l'équipe joue contre des sélections locales, il s'agit en fait des véritables équipes nationales sur le terrain. À chaque match, l'équipe algérienne ne cherche pas du tout à se cacher et tient à ce que ces symboles soient bien présents. Ce qui entraîne notamment des tensions avec l'équipe de Pologne, qui accepte de jouer contre le « Onze algérien » après que l'équipe a menacé de boycotter le match.

Cette tournée européenne impressionne. Les footballeurs jouent de manière libérée, à l'image du mouvement d'émancipation qu'ils veulent défendre. Sur le terrain, la sélection du FLN illustre à travers son football les aspirations à l'émancipation collective du peuple algérien. Une manière de jouer qui paye, avec une moyenne de 4 buts par match et un nombre conséquent de victoires. En octobre 1959, la sélection poursuit sa campagne médiatique et s'envole en Asie du Sud-Est pour une dizaine de matchs, en Chine et dans le Nord-Vietnam. Là-bas, juste après un match face à une équipe vietnamienne, le général Vo Nguyên Giap, vainqueur de la bataille de Diên Biên Phu, dit aux joueurs algériens : « Nous avons battu les Français, et vous nous avez battus en football. Donc vous aller battre la France.[51]

---

51. GHEMMOUR Chérif, *Terrain Miné, quand la politique s'immisce dans le football, op. cit.*, p. 98.

Cette équipe est à son apogée le 29 mars 1961 à Belgrade, en infligeant une véritable déculottée à l'équipe de Yougoslavie, finaliste de l'Euro 1960, avec une victoire par 6 buts à 1, sous les yeux de l'ambassadeur de France présent dans le public. Le « Onze de l'indépendance » continue son périple jusqu'à la signature des accords d'Évian entre le gouvernement français et le gouvernement provisoire de la République algérienne. Ces accords mettent un terme à la guerre et ouvrent la voie à l'indépendance de l'Algérie, proclamée officiellement le 5 juillet 1962. Côté football, les suspensions sont levées, les joueurs algériens peuvent retourner jouer dans les clubs français. Après quatre années de tournée à travers le monde, souvent dans des conditions précaires, l'équipe du FLN aura disputé près de 91 matchs pour 65 victoires, 13 matchs nuls, 13 défaites, et joué un rôle clé dans les futures relations diplomatiques algériennes.

20.

Groenland : le ballon rond comme nouvelle voie vers l'indépendance

Depuis quelques années, le Groenland, l'île la plus grande du monde, trace sa route pour devenir indépendant vis-à-vis du Danemark. Bien que les autorités danoises ne soient pas totalement contre, les obstacles climatiques, diplomatiques et économiques pour y parvenir sont nombreux. Le football, sport le plus populaire du pays, pourrait bien être le brise-glace de ces différents obstacles vers une plus grande autonomie.

« Au Groenland, le football relie tout le monde. Nous voulons montrer que même si nous sommes une petite nation avec si peu d'habitants, nous pouvons jouer au football à un niveau élevé. »[52] Patrick Frederiksen, capitaine de l'un des clubs les plus importants du Groenland, B-67, n'a pas tort. Le ballon rond est tout simplement le sport le plus plébiscité du pays, où près de 10 % de la

---

52. Ward Tom, « The inside story of Greenland's one-week football season », *Red Bull,* novembre 2019.

population le pratique. Depuis quelques années, le football est un formidable outil d'émancipation pour ce grand pays aux frontières de l'Arctique.

Le Groenland est certes une immense île de plus de 2 millions de km², mais sa situation géographique, située entre les océans Arctique et Atlantique, fait que le territoire est soumis à de fortes contraintes climatiques, qui contraignent ses 55 000 habitants à vivre sur une étroite bande côtière. Une « petite » nation sur un grand territoire, qui ne cesse d'attiser les convoitises. En effet, le réchauffement climatique accélère la fonte des glaciers, qui a été multipliée par 4 entre 2003 et 2013. Malgré ce scénario de mauvais augure, l'ouverture de nouvelles routes commerciales offre des opportunités à ce territoire trop souvent oublié.

Il est vrai que, par le passé, la position et le climat du Groenland n'ont pas vraiment aidé à attirer les curieux. Bien que pourtant, selon la légende, le nom du pays, qui signifie « terre verte », aurait été donné par les explorateurs islandais pour attirer les colons sur ces terres hostiles. Ce n'est qu'à partir de la Seconde Guerre mondiale que la position stratégique de l'île commence à attiser les convoitises. Le Danemark est alors occupé par l'Allemagne nazie ; le Groenland pourrait suivre le même chemin, lui qui est un territoire danois depuis 1814, ce qui inquiète les États-Unis, qui redoutent une invasion. Ils font donc du territoire arctique une base avancée. À la fin de la guerre, les Américains proposent d'acheter l'île au Danemark pour 100 millions de dollars. L'offre est refusée, bien que la présence américaine demeure, avec une importante base militaire intégrée à l'OTAN depuis 1951, située dans la ville de Thulé. Quant au Danemark, il ouvre le Groenland au libre commerce et lui fait changer de statut, passant de colonie à celui de province danoise en 1953.

À partir de cette date, le pouvoir danois met en place une politique d'assimilation culturelle vis-à-vis des Groenlandais. Plus le temps passe et plus un mouvement se développe en faveur d'une plus large autonomie du Groenland à partir des années 1970. Qui plus est, en raison de complications politiques liées à l'entrée du Danemark dans le Marché commun européen en 1972, une réflexion s'opère pour rechercher un statut différent pour le Groenland. En découle l'obtention, en 1979, d'un statut d'autonomie interne, avec la création d'un Parlement et d'un gouvernement souverain sur les questions intérieures. En 1985, le Groenland parvient à sortir de la Communauté économique européenne, par référendum, pour protéger ses zones de pêche, tandis que le Danemark y reste. La différenciation va s'accentuant puisque c'est aussi à cette période que le Groenland adopte son propre drapeau, rouge et blanc, qui, selon son créateur Thue Christiansen, représente le soleil sur la mer et les icebergs qui dérivent sur les flots, et reprend les couleurs danoises.

En 2009, cette autonomie est renforcée à la suite d'un référendum. Le Groenland est désormais cosouverain en matière de gestion et d'exploitation des ressources de son sous-sol, le groenlandais devient la langue officielle. Le pays dispose également d'un droit constitutionnel à l'autodétermination, avec l'aval du Danemark. La voie vers l'indépendance semble prendre forme : en 2016, la coalition gouvernementale menée par le Premier ministre Kim Kielsen annonce la création d'un ministère chargé de l'Indépendance. L'accord de la coalition débute par ces mots : « Le Groenland est irrévocablement en route vers l'indépendance. »[53]

---

53. SMITH Rory, « Soccer at the Edge of the World », *The New York Times*, septembre 2019.

Toutefois, cette route est loin d'être totalement dégagée, tant ce territoire est dépendant économiquement du Danemark. Malgré ses énormes ressources minières, l'économie de l'île repose encore aujourd'hui exclusivement sur la pêche et sur l'aide économique du Danemark, à hauteur de 500 millions d'euros, ce qui représente 60 % du budget du Groenland. Avec ses températures extrêmes, ses distances énormes et son manque d'infrastructures, l'exploitation du sous-sol, riche en hydrocarbures, est encore extrêmement complexe. Seules deux mines sont actuellement en service dans le sud de l'île. Ces perspectives économiques en pointillé ne poussent donc pas les Groenlandais à l'indépendance immédiate, car ils craignent une baisse de leur niveau de vie.

L'indépendance passe donc par l'autonomie économique, avec des investissements majeurs dans les infrastructures pour exploiter les ressources fossiles et diversifier l'économie, en s'inspirant, par exemple, du modèle islandais de développement du tourisme local écologique. Les appétits des compagnies minières et des États sont nombreux autour du Groenland et de son sous-sol. La Chine et les États-Unis, en particulier, ont des vues sur les gisements d'uranium et la position stratégique de l'île.

Pour rendre son territoire plus attractif, le football peut être un levier d'accès à l'indépendance et à la reconnaissance internationale. Malgré les conditions climatiques, le ballon rond est un des sports les plus populaires de l'île, avec près de 5 000 licenciés, soit quasiment 10 % de la population, et près de 70 clubs sur toute l'île. Un championnat a aussi lieu depuis 1954, mais le climat est tel qu'il se joue sur une semaine. En 2019, pour se qualifier pour l'une des 8 places du tournoi, 40 équipes de tout le pays ont participé aux qualifications régionales. Le développement du football est soutenu par les autorités politiques groenlandaises pour promouvoir les activités sportives, et ainsi diminuer les problèmes de société liés à l'alcoolisme ou aux suicides.

L'organisation footballistique du pays est une histoire ancienne : une association de football du Groenland a été fondée en 1971, une première pierre à la construction d'une équipe nationale. Cette sélection dispute son premier match international le 2 juillet 1980 contre les îles Féroé, avec une sévère défaite (6 à 0). Après plusieurs autres rencontres contre les pays voisins, le Groenland entame les démarches pour devenir membre de la FIFA à partir de 1998, pour ainsi participer aux éliminatoires de la Coupe du monde, démarches loin d'être farfelues puisque l'organisation mondiale du football accepte dans ses rangs des pays qui ne sont pas totalement indépendants. C'est le cas, par exemple, des îles Féroé, également territoire autonome du Danemark, qui sont membres de la FIFA depuis 1988, et de l'UEFA depuis 1990.

Pour appuyer sa demande, le Groenland organise des matchs internationaux. L'équipe fait parler d'elle le 30 juin 2001, lorsqu'elle joue contre le Tibet à Copenhague. Le match a attiré l'attention internationale lorsque la Chine a menacé d'embargo les exportations de crevettes du Groenland en raison de la souveraineté contestée du Tibet. Malgré les pressions chinoises, la rencontre a bien lieu le dans le stade Vanløse de Copenhague. Près de 5 000 supporters assistent à cette rencontre historique entre deux représentants de territoires non reconnus au niveau international. La victoire par 4 buts à 1 du Groenland sur le Tibet est anecdotique tant ce match est porteur de symboles pour les deux équipes.

Depuis, la grande île arctique cherche à se faire une place sur la planète football. Cet objectif est loin d'être atteint, puisque la fédération groenlandaise s'est vue refuser son adhésion à la FIFA en 2010. Sepp Blatter déclare alors : « Selon les règles d'admission,

20. Groenland : le ballon rond comme nouvelle voie vers l'indépendance

pour qu'une fédération de football soit admise elle doit être issue d'un État indépendant reconnu par la communauté internationale, c'est-à-dire l'ONU, pour demander à adhérer à la FIFA. »[54] La jurisprudence des îles Féroé n'a pu être invoquée car des règles d'affiliation plus restrictives ont été établies en 2004. Mais depuis la passation de mandat au niveau de la présidence de la FIFA, en 2015, la donne a changé, puisque Gibraltar, territoire d'outre-mer britannique revendiqué par l'Espagne, ou bien le Kosovo, État contesté au niveau international et non-membre de l'ONU, sont bien adhérents de l'UEFA et de la FIFA.

Un autre frein empêche le Groenland d'y adhérer : celui des infrastructures. En effet, l'« île verte » ne peut pas maintenir un terrain herbeux en raison du pergélisol qui enveloppe le territoire. Pour remédier à cela, les autorités groenlandaises ont mis en place un partenariat en 2015 avec la Fédération danoise de football pour développer des surfaces synthétiques. Plusieurs terrains ont été installés dans le pays, dont le stade national dans la capitale Nuuk. Une infrastructure qui serait amenée à bouger puisque les instances groenlandaises planchent sur un nouveau stade, l'Arktisk Stadion, pouvant accueillir plus de 3 000 spectateurs.

Avec l'aide du Danemark, le Groenland a de solides chances d'intégrer l'UEFA et la FIFA si ce développement se poursuit dans le bon sens. Ou pourquoi pas la CONCACAF, la confédération d'Amérique du Nord et d'Amérique centrale de football, du fait de la proximité du continent américain et de succès internationaux plus rapides face à des équipes moins redoutables.. Les fédérations de handball et de badminton groenlandaises se sont déjà tournées vers cette option pour offrir une stature internationale à leurs athlètes

---

54. FIFA, « Greenland gripped by football fever », septembre 2010.

et affronter de véritables sélections nationales. Ainsi les équipes masculines et féminines de handball du Groenland ont déjà participé à plusieurs éditions récentes des Championnats du monde, les mettant au prise face à des sélections nationales officielles.

En attendant de voir le Groenland tenter de se qualifier pour un Euro de football, les « Ours polaires », surnom de l'équipe, se préparent. La sélection est en effet membre de la CONIFA (voir le chapitre 12) et participe aux Football Island Games, jeux sportifs entre les différentes îles nordiques, où les Groenlandais ont été finalistes de l'édition 2017. L'horizon semble en tout cas s'éclaircir puisque cette démarche d'émancipation par le football est soutenue par le Danemark et les autres pays scandinaves. Allan Hansen, président de la Fédération de football danoise, déclare lors du congrès de l'UEFA en 2017 : « Le Groenland est actuellement en phase de préadhésion. Je suis beaucoup plus optimiste qu'il y a cinq ans. »[55]

En tout cas, le Groenland n'en finit pas d'attirer l'attention internationale, et les prochaines années seront décisives pour ce pays. Les récentes découvertes de gisements de terres rares et d'uranium vont contraindre les Groenlandais à choisir entre leur souveraineté économique et la défense de leur l'environnement, donc de choisir quelle voie ils veulent prendre pour tracer leur route vers l'indépendance.

---

55. McGwin Kevin, « Greenland could soon be a step closer to joining the world of international soccer », *Arctic Now*, juillet 2017.

21.
ÎLE DE PÂQUES : LE FOOTBALL
AU SECOURS DES RAPA NUI

C'est le 6 avril 1722 que le navigateur néerlandais Jakob Roggeveen découvre un bout de terre perdue au milieu de l'océan Pacifique : l'île de Pâques. Le lieu est rendu célèbre pour ses statues moaï, mais la population de ce territoire, les Rapa Nui, est peu à peu oubliée, exploitée et contrainte à l'exil. Pour préserver leur culture, les îliens se sont tournés vers le football pour sortir de leur isolement.

L'île de Pâques est un territoire dont l'image est indissociable de celle des grandes statues que sont les moaï. Pourtant, derrière la carte postale, la population autochtone, les Rapa Nui, se bat depuis plusieurs années pour faire respecter ses droits. Comme l'explique la militante Tuhiira Tucki Huke, membre de la communauté Rapa Nui, « [c']est difficile pour un petit peuple qui lutte tout seul au milieu de l'océan pour ses droits, son territoire, la possession de la terre, l'identité, la culture, le patrimoine immatériel et matériel », dans une déclaration qui fait suite à la large campagne médiatique de 2018 pour la restitution du patrimoine culturel Rapa Nui.

Ce peuple est en effet présent depuis des centaines d'années sur cette île perdue de l'océan Pacifique. Le navigateur Jakob Roggeveen met fin à cet isolement lorsqu'il part à la recherche d'une nouvelle route commerciale des épices pour la Compagnie néerlandaise des Indes occidentales. L'explorateur pose pied sur l'île le 6 avril 1722, jour de Pâques, et nomme donc sa découverte : île de Pâques. Au cours du XVIIIe siècle, malgré les passages de navires espagnols, britanniques et du célèbre explorateur français La Pérouse, le territoire insulaire n'est pas sujet aux convoitises des puissances colonisatrices. Comme le résume le cartographe britannique James Cook dans ses carnets de bord : « Aucune nation ne combattra jamais pour l'honneur d'avoir exploré l'île de Pâques, il n'y a pas d'île dans la mer qui offre moins de rafraîchissements et de commodités pour la navigation que celle-ci. »[56] L'île est en effet une terre hostile et, surtout, isolée. Les autres territoires habités les plus proches sont l'île de Pitcairn, à 2 075 km, et les côtes chiliennes, à plus de 3 500 km.

Cet éloignement fait que l'îlot n'est habité véritablement qu'à partir du XIIIe siècle. En même temps, par exemple, que l'arrivée des premiers colons sur les îles d'Hawaï. Les premiers à toucher le sol de l'île de Pâques sont appelés les *Matamua*, les « premiers » en maori ; ils fondent la culture Rapa Nui. C'est d'ailleurs ce nom, Rapa Nui, qu'ils donnent à l'île, qui signifie dans la langue autochtone « le nombril du monde ». L'aspect le plus connu de cette culture sont les moaïs, ces immenses statues à figure humaine, sculptées dans le tuf. On prête souvent à ces mystérieuses effigies la responsabilité de l'effondrement du peuple autochtone. La construction de ces géants aurait, en effet, entraîné l'assèchement des ressources

---

56. Cook James, *Livre de bord des voyages 1768-1779*, Erdmann, 2020.

naturelles de l'île, provoquant un « suicide écologique ». La réalité est bien plus complexe. Les guerres de clans et la construction de ces statues ne doivent pas occulter les conditions environnementales dantesques de ce territoire, marquées par les séismes, les sécheresses et les tsunamis.

C'est surtout l'arrivée d'envahisseurs qui est cause de l'éradication de la population Rapa Nui de l'île. Les nombreux raids de marchands d'esclaves venus du Pérou font passer la population locale de 2 500 personnes, au début du XVIIIe siècle, à seulement une centaine, lors de son annexion par le Chili en 1888. Pour Emol Martín Lara, professeur d'histoire à l'université catholique Silva Henríquez, « [au] XIXe siècle, les navires péruviens venaient chercher des insulaires et les ramenaient au pays pour en faire des esclaves ».[57] Le passage sous souveraineté chilienne constitue une nouvelle ère, qui n'est en rien synonyme d'espoir pour les rares survivants Rapa Nui. Ils sont parqués dans la réserve d'Hanga Roa, la plus grande ville de l'île, le reste étant laissé aux éleveurs de moutons chiliens venus du continent.

Il faut attendre 1966 pour que les locaux reçoivent enfin la nationalité chilienne et qu'ils soient autorisés à quitter la réserve. Cette liberté relative est de courte durée puisque le Chili bascule dans la dictature après le coup d'État de Pinochet en 1973. Avec le retour à la démocratie, à partir de 1989, les droits des Rapa Nui évoluent et sont définitivement reconnus, grâce à la loi sur la protection des peuples indigènes de 1993. La situation de l'île de Pâques s'améliore alors peu à peu, notamment en termes démographiques. De 1 200 habitants en 1982, l'île passe à plus de 7 500 aujourd'hui,

---

57. « RAPA NUI : pourquoi l'Île de Pâques change de nom ? », *Le Petit Journal de Santiago*, août 2018.

21. Île de Pâques : le football au secours des Rapa Nui

dont environ 60 % sont d'origine Rapa Nui. Le développement des infrastructures et l'ouverture à l'international du Chili permettent à l'île de prospérer, en partie grâce au tourisme.

Ces nouvelles perspectives d'avenir poussent le peuple autochtone à revendiquer une plus large autonomie. L'île de Pâques est pour l'instant une province, qui comprend également l'île inhabitée de Sala y Gómez, située à des centaines de kilomètres plus à l'est. Cette province bénéfice d'un statut de « régime spécial », avec des pouvoirs similaires à ceux d'un gouvernement régional, mais reste sous l'administration de la région continentale de Valparaiso. Une telle situation pousse les locaux à réclamer davantage d'autonomie. Surtout, ils veulent que leur culture et leur patrimoine, trop souvent bafoués, soient considérés et restitués. En guise d'exemple, seuls 14 % des terres de l'île appartiennent aujourd'hui aux Rapa Nui, le reste appartenant à l'État chilien.

C'est dans cette perspective que la population locale développe des moyens de mettre en avant sa culture. Le sport y prend toute sa place. L'île se tourne notamment vers le rugby. En 2016, elle organise le « Seven of Rapa Nui », un tournoi qui rassemble des équipes de rugby à 7 de Polynésie française, de l'île de Pâques et du Chili continental. C'est pourtant le ballon rond qui offre au peuple Rapa Nui la possibilité d'exposer aux yeux du monde ses revendications. Le football est le sport le plus populaire de l'île. La toute première Fédération de football Rapa Nui est créée en 1975, jetant les bases d'une première équipe puis, par la suite, de la création d'un championnat local composé de 12 formations. L'île possède la spécificité d'avoir une équipe représentant une sélection de ses meilleurs joueurs, le CF Rapa Nui, enregistrée auprès de l'Association nationale du football professionnel chilien, ce qui lui permet de disputer, en théorie, des rencontres contre d'autres clubs amateurs et professionnels du pays, dans le cadre des compétitions officielles de la fédération.

Cette « équipe nationale » effectue sa première sortie en dehors de l'île en 1996, avec un match chez les voisins de l'archipel Juan Fernández. Avec à la clé une victoire par 5 buts à 3. Le tournant intervient une décennie plus tard, le 5 août 2009, avec la première rencontre de football professionnel sur l'île de Pâques : ni plus ni moins qu'un match de la Coupe du Chili face à Colo Colo, l'un des clubs les plus populaires du pays. Roberto Araki Peña, joueur Rapa Nui de l'époque, se souvient : « On s'est préparés deux mois avec Miguel Ángel Gamboa, qui a joué la Coupe du monde 1982 en Espagne avec le Chili. On a tenu 30 minutes, mais ils nous ont battus 4-0. La FIFA avait parlé de match du siècle. C'est exactement comme ça qu'on l'a vécu. »[58] Malgré la défaite, l'intérêt du match est, pour le Chili, de resserrer les liens entre l'île et le continent, et de lui donner une exposition internationale avec une diffusion de la rencontre dans plusieurs pays – en Bolivie, en Équateur, au Honduras ou encore en Argentine.

C'est aussi l'occasion pour les Rapa Nui de mettre en avant leur culture. Ils exécutent avant le match, à la manière du *haka* des All Blacks de Nouvelle-Zélande en rugby, une danse guerrière traditionnelle appelée *hoko*. La FIFA, qui a qualifié cette rencontre de « match du siècle », aide ensuite l'île à se doter d'infrastructures footballistiques. C'est chose faite, avec la construction du stade Rapa Nui de Hanga Roa d'une capacité de 3 000 places, inauguré en 2014, en présence de la légende brésilienne Pelé et du joueur international chilien Elias Figueroa. Le maire local de l'époque, Pedro Edmunds, a dit d'ailleurs à ce propos : « Nous sommes fiers qu'une

---

58. FIFA, « Le foot à la fête sur l'île de Pâques », avril 2020.

personnalité comme Pelé soit venue à un événement aussi important pour nous. Cela donne de la visibilité pour un endroit comme le nôtre qui est l'un des plus isolés du monde, e une immense joie à tous les habitants de l'île. »[59]

La sélection Rapa Nui ne s'arrête pas là puisqu'elle organise avec 7 autres ethnies le *Campeonato nacional de fútbol de Pueblos Originarios* (championnat national des peuples indigènes). Elle remporte notamment l'édition 2012 face à l'équipe des Mapuches, peuple autochtone du Chili et d'Argentine. L'équipe de l'île de Paques cherche aussi à nouer des liens avec les sélections polynésiennes, comme en témoigne le tournoi du Festival des îles. Pour sa première participation en 2018, les Rapa Nui repartent avec un bilan honorable de deux victoires, un match nul et deux défaites. Le numéro 10 de l'équipe, Tuki Muraccioli dira d'ailleurs : « Certains d'entre nous sont déjà venus à Tahiti auparavant, mais c'est la première fois qu'on vient en tant qu'équipe, en tant que sélection nationale de football de Rapa Nui dans le cadre d'une compétition officielle. »[60] Après ce succès, les joueurs reviennent à l'occasion de l'édition 2019 avec une délégation plus importante, composée notamment d'une équipe féminine de football et de futsal.

Enfin la sélection Rapa Nui a rejoint en 2019 la CONIFA, ce qui pourrait lui permettre d'affronter d'autres sélections internationales, en attendant une éventuelle adhésion à la FIFA pour participer aux éliminatoires de la Coupe du monde. Une telle adhésion semble toutefois compromise compte tenu de l'autonomie relative de l'île et des faibles infrastructures footballistiques.

---

59. DEPLANQUE Sébastien, « Rapa Nui, l'autre île du football », *La Grinta*, avril 2019.
60. KUCSERA Kevin, « Festival des îles 2018 : Rapa Nui se joint à la fête ! », Fédération tahitienne de football, avril 2018.

Les choses évoluent cependant dans le bon sens puisqu'en 2018, le peuple autochtone a obtenu du Chili le changement de nom de l'île de Pâques en Rapa Nui. Le président du Chili, Sebastián Piñera, déclare alors : « Nous voulons faire un acte de revendication historique et reconnaître l'origine millénaire de l'île. » Un discours loin d'être anodin puisque selon, la militante Tuhiira Tucki Huke, si les autorités chiliennes prennent les revendications Rapa Nui en main, c'est pour « se montrer compatissant avec le peuple Rapa Nui, cela fait parler du Chili et c'est bénéfique pour l'image du pays, car le Chili veut se positionner économiquement au niveau international »[61]. Cela permet en effet de faire quelque peu oublier la sévère répression chilienne des manifestations Rapa Nui au début des années 2010.

L'île de Pâques n'en demeure pas moins un territoire fragile. L'économie du territoire repose en grande partie sur le tourisme. Avec environ 100 000 touristes par an, l'afflux de visiteurs met en danger l'intégrité de l'île, déjà impactée par la montée des eaux. Cela a poussé les autorités chiliennes à limiter, en 2018, l'activité touristique, désormais au point mort avec la pandémie de la Covid-19. Le sport et le football seront peut-être les ultimes leviers qui permettront à cette terre isolée de continuer à exister.

---

61. BORDRON Maïwenn, CHAVEROU Éric, « Île de Pâques : le combat du peuple Rapa Nui pour la restitution de son patrimoine culturel », *France Culture*, novembre 2018.

22.
ÎLES TUVALU : LE FOOTBALL COMME LANCEUR D'ALERTE SUR LE RÉCHAUFFEMENT CLIMATIQUE

Alors que la montée des eaux met plus que jamais en péril l'existence des territoires insulaires, les îles Tuvalu, petit archipel de l'océan Pacifique, ont décidé de miser sur le football pour alerter sur le réchauffement climatique qui menace l'existence même de leur territoire.

« Peu importe combien d'argent vous mettez sur la table, ça n'est pas une raison valable pour ne pas faire ce qui est juste, c'est-à-dire réduire vos émissions de gaz à effet de serre et ne pas ouvrir de nouvelles mines de charbon. »[62] C'est en ces termes qu'Enele Sopoaga, ancien Premier ministre des Tuvalu, a réagi aux 300 millions de dollars débloqués par l'Australie, en septembre 2019, pour venir en aide aux îles du Pacifique. Des territoires qui sont en sursis du fait des conséquences du réchauffement climatique.

---

62. ROY Ainge Eleanor, « "One day we'll disapear": Tuvalu's sinking islands », *The Guardian*, mai 2019.

Les îles Tuvalu sont dans cette situation. Perdus dans l'immensité de l'océan Pacifique, les 8 atolls de cet archipel (*Tuvalu* signifiant « 8 ensemble » dans la langue locale) comptent seulement 12 000 habitants. Ces terres ont la particularité d'être l'un des territoires les plus étroits au monde, l'endroit le plus large ne faisant que 400 mètres. Ces contraintes géographiques n'ont toutefois pas empêché l'ancienne colonie britannique de devenir indépendante en 1978. Il faut dire que la création des Nations unies, après la Seconde Guerre mondiale, a conduit à un long processus de décolonisation, notamment vis-à-vis des colonies britanniques du Pacifique, pour s'engager vers la voie de l'autodétermination.

Cette indépendance récente a très vite soulevé la question de la souveraineté économique. Ne disposant pas de ressources naturelles propres, le petit archipel a dû se tourner vers la vente de licences de pêche pour s'émanciper et être reconnu comme un pays à part entière. Il a adhéré aux Nations unies le 5 septembre 2000, devenant le 189e membre de l'organisation. Plus étonnant, cette reconnaissance internationale est aussi en grande partie due à Internet. L'une des principales sources de revenus des Tuvalu découle, en effet, du nom de domaine national de premier niveau, le fameux « .tv », qui rapporte des millions de dollars par an. Toutefois cette manne financière méconnue ne met pas en avant les spécificités de ce territoire insulaire.

Le territoire est classé par les Nations unies dans la liste des « pays les moins avancés », en raison de son potentiel limité de développement économique, de l'absence de ressources et de sa vulnérabilité aux événements environnementaux extérieurs. C'est pourquoi les Tuvalu dépendent encore grandement d'un fonds souverain international, alimenté par l'Australie et la Nouvelle-Zélande. Le tourisme pourrait être la solution pour diversifier l'économie du pays, mais les faibles infrastructures ne permettent qu'à environ 2 000 visiteurs par an de les atteindre. Pourtant, l'archipel a besoin de visibilité à l'international pour survivre. La montée des eaux met en péril l'intégrité du pays, qui pourrait être le premier pays à être submergé d'ici 50 ans. Le point le plus élevé des îles s'élève en effet à 4,6 mètres au-dessus du niveau de la mer et le risque est grand de les voir disparaître. Et ce, même si d'autres études, datant de 2018, ont pointé le fait que ces îles, géologiquement dynamiques, augmentent de superficie et s'adapteraient à l'évolution du niveau de la mer. Cet avenir en pointillé ne retarde pas en tout cas les premières conséquences du changement climatique avec une augmentation des cyclones, sécheresses et autres catastrophes naturelles.

La relocalisation de la population en Nouvelle-Zélande et en Australie n'est, pour l'instant, pas envisagée par les autorités tuvaluennes. En 2015, Enele Sopoaga a déclaré que « sortir de Tuvalu ne résoudra aucun problème de changement climatique… Si vous déplacez ces personnes au milieu des pays industrialisés, cela augmentera simplement leur consommation et augmentera les émissions de gaz à effet de serre ».[63]

Pour se développer, investir et retarder l'échéance, les Tuvalu doivent donc se révéler aux yeux du monde. Quoi de mieux que le sport pour faire flotter son drapeau lors d'un grand événement sportif médiatique ?

C'est chose faite depuis 2007, car ces îles du Pacifique sont admises au sein du Comité international olympique (CIO). Cela leur permet, en 2008, de participer à la compétition la plus suivie

---

63. Roy Ainge Eleanor, « "One day we'll disapear": Tuvalu's sinking islands », *The Guardian*, mai 2019.

22. Îles Tuvalu : le football comme lanceur d'alerte sur le réchauffement climatique

au monde, les Jeux olympiques. Depuis l'édition de Pékin, Tuvalu envoie tous les quatre ans à chaque olympiade une petite délégation, allant d'un à trois athlètes. Une reconnaissance internationale par le sport qui prend toute sa place avec son équipe de football.

Le ballon rond est l'un des sports les plus populaires du pays. Un an après son indépendance, en 1979, son équipe nationale participe déjà aux Jeux du Pacifique Sud et affronte Tahiti pour son premier match, le 28 août 1979. Il se solde par une sévère défaite : 18-0 ! Trois jours plus tard, l'équipe de football des Tuvalu enregistre cependant sa toute première victoire internationale face aux îles Tonga.

Les rencontres internationales se limitent à ce type de compétition, puisque l'archipel ne fait pas partie de la grande famille de la FIFA, malgré des demandes répétées depuis 1987. Il faut dire que l'organisation mondiale de football a durci les conditions pour être adhérent, surtout au niveau des infrastructures sportives. C'est ce dernier point qui fait défaut aux Tuvalu. Sans adhésion, pas de participation aux compétitions de la FIFA, donc à la Coupe du monde. Même s'il est vrai qu'en cas d'adhésion, le chemin serait encore très long pour voir les îles Tuvalu lors d'un Mondial de football. Depuis le départ de l'Australie de la confédération d'Océanie, la Nouvelle-Zélande est la grande nation du ballon rond du continent, collectionnant les tickets pour accéder aux barrages de la Coupe du monde, ainsi que les titres de champions d'Océanie. Les Tuvalu investissent depuis le début des années 2010 pour progresser. Malheureusement, l'équipe ne peut pas jouer à domicile, le stade Tuvalu Sports Ground étant situé sur un terrain argileux et cabossé. Une solution a été trouvée avec leurs voisins, les îles Fidji mettant à disposition leur stade et leur centre d'entraînement à la Fédération tuvalienne – une solution temporaire loin d'être suffisante aux yeux de la FIFA.

Cela n'empêche pas l'équipe d'affronter les autres pays du Pacifique. Tuvalu participe même aux éliminatoires de la Coupe du monde 2010 ! Situation rendue possible car les Jeux du Pacifique Sud 2007 sont alors considérés comme première étape de la qualification au Mondial[64]. On peut même dire que les Tuvalu ont obtenu leur premier point lors d'un match de qualification à la Coupe du monde, puisqu'ils ont fait un match nul durant ces jeux face à l'équipe de Tahiti. Viliamu Sekifu est devenu ainsi le premier buteur tuvaluan de l'histoire de la Coupe du monde de football.

Bien que les insulaires aient perdu la plupart de leurs matchs, l'intérêt est ailleurs, à savoir : jouer une compétition internationale et mettre en avant leur drapeau. Les faibles moyens financiers de la fédération, et les importants coûts de déplacements, contraignent l'équipe à être moins active à la fin des années 2000. Elle ne revient que grâce à des partenariats mis en place avec d'autres pays. C'est le cas depuis 2009, avec le projet Dutch Support, qui noue des liens étroits entre les Pays-Bas et les Tuvalu, et se traduit par le recrutement, en 2011, d'un nouveau sélectionneur néerlandais, Foppe de Haan, actuel entraîneur des jeunes d'Heerenveen. En 2013, Tuvalu participe aussi à une tournée de trois mois aux Pays-Bas pour y affronter des équipes locales.

Au niveau international, les Tuvalu affrontent d'autres équipes que leurs voisins océaniens, comme les Coréens unis du Japon, le Tamil Eelam ou encore les îles Chagos. Cela est rendu possible par le fait que l'archipel a rejoint en 2016 la CONIFA. Les Tuvalu participent d'ailleurs à la Coupe du monde CONIFA 2018, à Londres, avec malheureusement trois défaites à la clé face au Matabeleland,

---

64. Frew Craig, « Tuvallu still dreams of joingin FIFA's world football family », *BBC Sport*, décembre 2013.

à la Padanie et Pays sicule. Le sport reste aujourd'hui le meilleur atout des Tuvaluans pour faire connaître la situation de leur petite nation et ainsi alerter sur la question des réfugiés climatiques et sauver ce qui peut l'être encore de la biodiversité de notre planète. Comme le disait Enele Sopoaga lors de la COP21 de Paris en 2015 : « Faisons-le pour Tuvalu, car si nous sauvons Tuvalu, nous sauvons le monde. »[65]

---

65. Roy Ainge Eleanor, « "One day we'll disapear": Tuvalu's sinking islands », *The Guardian*, mai 2019.

REMERCIEMENTS

Je remercie tout particulièrement mon frère Anthony de m'avoir transmis dès mon enfance cette passion pour le football et la géographie.

Merci à ma moitié, Zoé, qui m'a soutenu et motivé tout au long de ce projet grâce à ses conseils, ses précieux retours et surtout son amour.

Merci à ma mère, Nadège, soutien indéfectible, quel que soit mes projets et les obstacles à surmonter.

Merci à Jean-Charles Gérard, mon éditeur, et Pascal Boniface de m'avoir aidé à porter ce projet de livre.

Merci à ma famille et à tous mes proches. En particulier au « club » des relecteurs Florian, François, Geoffrey, Guillaume M., Guillaume C., Mathieu, Myriem, Romain et Sarah.

Merci à tous les abonnés du Football Club Geopolitics pour avoir nourri ce projet par votre intérêt et votre soutien.

Enfin, une pensée pour ma grand-mère, Pierrette, qui, je le sais, lira ces lignes avec émotion.

En hommage à mon grand-père Aurelio, qui, lui le premier, m'a conté de belles histoires.

Bibliographie et sources

Ouvrages généraux

Archambault Fabien, Beaud Stéphane, Gasparini William, *Le Football des nations : des terrains de jeu aux communautés imaginées,* Éditions de la Sorbonne, 2018.

Boniface Pascal, *Géopolitique du sport,* Armand Colin, 2014.

Boniface Pascal, *JO politiques,* Eyrolles, 2016.

Boniface Pascal, *L'Empire foot : comment le ballon rond a conquis le monde,* Armand Colin, 2018.

Correia Mickaël, *Une histoire populaire du football,* La découverte, 2018.

Dietschy Paul, *Histoire du football,* Perrin, 2010.

Ghemmour Chérif, *Terrain Miné, quand la politique s'immisce dans le football,* Hugo Sport, 2013.

Guégan Jean-Baptiste, *Géopolitique du sport, une autre explication du monde,* Bréal, 2017.

Wahl Alfred, *La Balle au pied. Histoire du football,* Gallimard, 1990.

Chapitre 1

BARCELO Laurent, « L'"Europe des 52". L'Union Européenne de Football Association (UEFA) », *Guerres mondiales et conflits contemporains* n° 228, octobre 2007.

GASPARINI William, *L'Europe du football, socio-histoire d'une construction européenne,* Presses universitaires de Strasbourg, 2017.

GERMAIN Guillaume, *1960-2020 : 60 ans d'Euro de football,* Jérôme Do Bentzinger éditeur, 2020.

MOUTON Olivier, *Hors-Jeu. 22 matchs de foot qui ont marqué l'histoire,* Armand Colin, 2017.

Chapitre 2

GERMAIN Guillaume, *1960-2020 : 60 ans d'Euro de football,* Jérôme Do Bentzinger éditeur, 2020.

MOUTON Olivier, *Hors-Jeu. 22 matchs de foot qui ont marqué l'histoire,* Armand Colin, 2017.

• Sources Internet

GOUBIN Thomas, « 1964 : L'Espagne se paye l'URSS », *So Foot,* mai 2012.

LUKOVIC Viktor, « Un Euro 1960 entre Soviétiques et Franquistes », *Footballski,* avril 2018.

Chapitre 3

GERMAIN Guillaume, *1960-2020 : 60 ans d'Euro de football,* Jérôme Do Bentzinger éditeur, 2020.

MOUTON Olivier, *Hors-Jeu. 22 matchs de foot qui ont marqué l'histoire,* Armand Colin, 2017.

TRÉGOURÈS Loïc, *Le Football dans le chaos yougoslave,* Non Lieu, 2019.

• Sources Internet

CHOWDHURY Saj, « Euro 1992: Denmark's fairytale », BBC Sport, mai 2012.

GHEMMOUR Chérif, PEDRO Alexandre, « Il était une fois Richard-Moller Niesen et le Danemark 1992 », *So Foot*, février 2014.

Chapitre 4

COLOVIC Ivan, *Politics of Identity in Serbia*, NYU Press, 2002.

RIVA Gigi, *Le Dernier Pénalty*, Seuil, 2016.

TRÉGOURÈS Loïc, *Le Football dans le chaos yougoslave*, Non Lieu, 2019.

WILSON Jonathan, *Behind the Curtain. Travels In Eastern European Football*, Orion Publishing Co, 2006.

• Sources Internet

GHEMMOUR Chérif, « Le jour où Boban a réalisé son high kick », *So Foot*, Mai 2020

Chapitre 5

PERRYMAN Marc, *Ingerland: Travels With a Football Nation*, Simon & Schuster, 2006.

• Sources Internet

GIBBONS Michael, « The cultural resonance of Euro 96 », *The Guardian*, juillet 2016.

NAKRANI Sachin, « Golden goal: Paul Gascoigne for England v. Scotland (1996) », *The Guardian*, décembre 2014.

WILSON Richard, « 20 years of regret from Euro 96 loss », *BBC Sport*, juin 2016.

Chapitre 6

• Sources Internet

Boffey Daniel, « Mind our language: Bulgaria blocks North Macedonia's EU path », *The Guardian*, novembre 2020.

Perrier Fabien, « La Grèce reconnaît le nom de "Macédoine du Nord" », *Le Temps*, janvier 2019.

Rédaction, « Football : c'est une Macédoine du Nord unie qui célèbre sa qualification à l'Euro », *Le Courrier des Balkans*, novembre 2020.

Chapitre 7

Archambault Fabien, Beaud Stéphane, Gasparini William, *Le Football des nations : des terrains de jeu aux communautés imaginées,* Éditions de la Sorbonne, 2018.

AUBIN Lukas, *La sportokratura sous Vladimir Poutine,* Editions Bréal, 2021

• Sources Internet

Boy Louis, « Quatre ans après l'annexion par la Russie, la lente déchéance du football en Crimée », *Franceinfo*, juin 2018.

Candau Adrien, « Crimée, la balle dans le pied », *So Foot*, juin 2018.

Mosko Alexeï, « La Crimée veut devenir une nation de football à part entière », *Russia Beyond,* novembre 2016.

Chapitre 8

Trégourès Loïc, *Le Football dans le chaos yougoslave*, Non Lieu, 2019.

Lefevre Florian, « Fadil Vokrri », *So Foot*, juin 2020.

• Sources Internet

AMES Nick, « Kosovo's dream team is ready to inspire a more hopeful future », *The Guardian*, septembre 2019.

Chapitre 9

• Sources Internet

McELWEE Molly, « The inside story of how Gibraltar has stunned football », *The Telegraph*, novembre 2018.

MONTAGUE James, « Gibraltar moves closer to soccer independence », *New York Times*, mai 2013.

PENALBA SOTORRIO Mercedes, « Gibraltar: a history of ill will over the Rock », *The Conversation*, avril 2017.

Chapitre 10

• Sources Internet

AFP, « Ligue Europa : à Bakou, le sport en vitrine du régime », mai 2019.

COLLIN Jean-Christophe, « De retour du front, les footballeurs du Haut-Karabakh retrouvent le terrain », *L'Équipe*, décembre 2020.

DOYLE Paul, « Why did UEFA hand Azerbaijan hosting rights for the Europa League final? », *The Guardian*, mai 2019.

Chapitre 11

• Sources Internet

DUEZ Julien, « On était à la finale de la Coupe du monde de la CONIFA », *So Foot*, juin 2018.

MENETIER Denis, « Comté de Nice, Ruthénie subcarpatique, Abkhazie... bienvenue à la CONIFA, l'antichambre de la FIFA », *France TV Sport*, février 2021.

Weeks Jonny, « The Alternative World Cup », *The Guardian*, juin 2018.

Chapitre 12
• Sources Internet
Dowling Tim, « The World Cup sides you've never heard of », *The Guardian*, juin 2008.
Kejonen Olle, « 1985: Sápmis första landskamp », *Sverige Radio*, août 2015.
Pave Linn Margrete, « Nytt Samisk fotballforbund - FA Sápmi », *NRK Sápmi*, mai 2014.

Chapitre 13
• Sources Internet
Anner Niels, «Triumph von ein paar Freunden» NZZ, octobre 2016
Destine Eric, «Åland: cet «État dans l'État» au sein de l'UE qui intrigue les indépendantistes», RTBF, juin 2019
Willis Craig, Hughes Will, Bobr Sergiusz, « ECMI Minorities Blog. National and Linguistic Minorities in the Context of Professional Football across Europe ». ECMI. juin 2023.

Chapitre 14
• Sources Internet
Chadband Ian, « San Marino hero who humiliated England », *Evening Standard*, mars 2003.
Hughes Rebecca Ann, « A Historic Season for the world's worst national football team », *Forbes*, décembre 2020.
Pauluzzi Valentin, interview d'Andy Sellva, *So Foot*, mars 2015.

Chapitre 15

GHEMMOUR Chérif, *Terrain Miné, quand la politique s'immisce dans le football*, Hugo Sport, 2013.

KAPUŚCIŃSKI Ryszard, *The Soccer War*, Granta Books, 1990.

• Sources Internet

CALMARD Diego, « Il y a 50 ans, le match Honduras-Salvador déclenchait la "guerre du foot" », *Médiapar* « blogs », juin 2019.

Chapitre 16

• Sources Internet

AUBRY Émilie, « Hong Kong : la fin des libertés ? Une leçon de géopolitique », *Arte* (« Le dessous des cartes »), décembre 2020.

DE CHANGY Florence, « À Hongkong, la loi de sécurité imposée par la Chine met brutalement fin à une exception démocratique », *Le Monde*, juillet 2020.

ROSS Donald, « China National Team. The 5.19 incident: China's doomed attempt to qualify for Mexico'86 », *WideEastFootball.net*, octobre 2017.

WOOD Chris, « When Hong Kong beat China in a World Cup qualifier 32 years ago, and riots that followed », *South China Morning Post*, mai 2017.

Chapitre 17

GHEMMOUR Chérif, *Terrain Miné, quand la politique s'immisce dans le football*, Hugo Sport, 2013.

• Sources Internet

BRIGAND Maxime, « Argentine-Angleterre 1986, le caprice de Dieu », *So Foot*, novembre 2020.

Carlin John, « England vs Argentina – A history », *The Guardian*, mai 2002.

Cavalonne Elena, « Avec le Brexit, l'incertitude plane sur l'avenir des îles Malouines », *Euronews*, janvier 2021.

Garric Audrey, « Les Malouines, trente ans de conflit irrésolu », *Le Monde*, avril 2012.

Chapitre 18

Blake Heidi et Calvert Jonathan, *The Ugly Game: The Qatari Plot to Buy the World Cup*, Simon&Chuster, 2016.

Guégan Jean-Baptiste, *Géopolitique du sport, une autre explication du monde*, Bréal, 2017.

• Sources Internet

Chadwick Simon, « Why Saudi Arabia won't buy an English football team », *Policy Forum*, février 2020.

Conn David, « Qatar 2022: £40 a week to build the World Cup stadiums », *The Guardian*, novembre 2018.

Gomez Carole, « Le sport, un levier d'influence pour l'Arabie saoudite », interview RFI, janvier 2020.

Le Magoariec Raphaël, « La stratégie du Qatar pour devenir un grand du football », *Orient XXI*, novembre 2016.

McIntyre Niamh, Pattisson Pete, « Revealed: 6,500 migrant workers have died in Qatar since World Cup awarded », *The Guardian*, février 2021.

Zidan Karim, « Sportswashing : how Sauda Arabia lobbies the US's largest sports bodies », *The Guardian*, septembre 2019.

Chapitre 19

Correia Mickaël, *Une histoire populaire du football*, La découverte, 2018.

Ghemmour Chérif, *Terrain Miné, quand la politique s'immisce dans le football*, Hugo Sport, 2013.

• Sources Internet

Rouaba Ahmed, « L'incroyable histoire des "dribbleurs de l'indépendance" de l'Algérie, *BBC Afrique*, mai 2018.

Chapitre 20

• Sources Internet

Knox Tomos, « The unlikely success stroye of football on the massive island of Greenland », *These Football Times*, octobre 2014.

McGwin Kevin, « Greenland could soon be a step closer to joining the world of international soccer », *Arctic Now*, juillet 2017.

Petite Simon, « Groenland et îles Féroé : au Nord, l'indépendance à petits pas », *Le Temps*, avril 2018.

Rédaction, « Le football au Groenland », *Nordisk Football*, octobre 2017.

Smith Rory, « Soccer at the Edge of the World », *The New York Times*, septembre 2019.

Ward Tom, « The inside story of Greenland's one-week football season », *Red Bull*, novembre 2019.

Chapitre 21

• Sources Internet

Bordron Maïwenn, Chaverou Éric, « Île de Pâques : le combat du peuple Rapa Nui pour la restitution de son patrimoine culturel », *France Culture*, novembre 2018.

Deplanque Sébastien, « Rapa Nui, l'autre île du football », *La Grinta*, avril 2019.

FIFA, « Le foot à la fête sur l'île de Pâques », avril 2020.

Kucsera Kevin, « Festival des îles 2018 : Rapa Nui se joint à la fête ! », Fédération tahitienne de football, avril 2018.

Long Gilden, « Easter Island has football début », *BBC News*, août 2009.

« RAPA NUI : pourquoi l'île de Pâques change de nom ? », *Le Petit Journal de Santiago*, août 2018.

Chapitre 22

• Sources Internet

Bisogno Dominic José, « What Tuvalu and Kiribati's growing inclusion could mean for both nations and the OFC », *These Football Times*, juin 2020.

Frew Craig, « Tuvallu still dreams of joingin FIFA's world football family », *BBC Sport*, décembre 2013.

Roy Ainge Eleanor, « "One day we'll disapear": Tuvalu's sinking islands », *The Guardian*, mai 2019.

www.ingramcontent.com/pod-product-compliance
Lightning Source LLC
LaVergne TN
LVHW051156060726
842526LV00014B/3226